무례한 시대를 품위 있게 건너는 법

악셀 하케 지음

장윤경 옮김

무례한 시대를
품위 있게
건너는──법

차별과 배제, 혐오의 시대를
살아내기 위하여

내 아이들에게

차례

도처에 널려 있는 천박함

∾

어느 날 저녁, 나는 친구와 함께 주점으로 들어가 자리를 잡았다. 주인이 테이블로 다가왔고 우리는 맥주 두 잔을 시키려 했다. 주인은 자신의 가게에서 파는 맥주 종류를 줄줄이 열거했고, 그중에서 나는 바이에른에서 생산된 어느 맥주를 마시기로 했다.

"좋아."

친구는 이렇게 답했다. 그렇게 우리 둘은 그 맥주를 주문했다. 그러자 주인은 술통의 꼭지를 돌려 맥주를 따랐다. 그때 친구가 나에게 말했다. 자신이 했던, '좋아'라는 말 속에 제약이 붙어 있었다고 말이다.

"원래는 그 맥주를 더 이상 마시지 말아야 하지만….'

"왜 그러는데?"

친구는 나에게 이런 설명을 덧붙였다. 그 맥주를 만드는 양조 업체는 시민 의식도 없이, 자연 보호는 고려하지도 않은 채 무분별한 확장을 감행하여 온갖 환경 파괴를 저지른 책임이 있다는 것이었다. 그래서 그 지역에 사는 많은 사람들이 해당 업체의 맥주를 보이콧하고 있으며, 내 친구 또한 이 행동에 동참해야 하지 않을까 고민 중이라고 했다. 그러면서 이렇게 말했다.

"그렇지만, 지금은 뭐 상관없어."

그리고 그는 이렇게 덧붙였다.

"그렇게 중요한 건 아니니까."

주인이 맥주를 가져왔고 우리는 그 맥주를 마셨다. 한참 동안 이런저런 이야기를 하는 사이에 잔이 비워졌다. 주인이 다시 우리 테이블로 다가왔고 우리는 두 잔을 더 시켰다. 나는 그 양조 업체의 악행에 관한 이야기를 까맣게 잊어버렸다. 그저 내 맥주잔을 높이 들며 주인에게 고개를 끄덕일 뿐이었다. 똑같은 맥주를 다시 주문한 것이다. 하지만 내 친구는 더 이상 그 바이에른 맥주를 시키지 않았다. 대신 베를린 모처에서 만든 다른 맥주를 마셨다. 아니면 베스트팔렌 지역 맥주였던가? 잘 기억나지 않는다. 그러나 친구에게는 중요한 문제였다. 바이에른 맥주는 친구의 마음을 내내 불편하게 했다.

내가 보기에 그는 분명 품위 있고 올곧은 사람이다. 그는 맥주를 마시면서도 세상을 생각했고 세상에 유익하지 않은, 혹은 바이에른 산지의 환경에 악영향을 주는 맥주에 돈을 쓰려 하지 않았다. 그는 '품위 있는 인간으로 살고자' 했다. 친구는 분별력이 몸에 밴 사람이었다. 맥주를 마실 때조차 분별 있게 그리고 품위 있게 행동하려 했다. 적어도 두 번째 맥주에서는 소신껏 품위를 지켰다. 나는 그게 마음에 들었다.

≈

솔직히 말해서 나는 인간으로서의 품위에 대해 깊이 생각해본 적이 없다. 나에게 그런 개념은 그저 뭔가 좋은 것, 선한 것으로만 여겨졌다. 내가 생각했던 품위란 타인을 배려하는 태도 정도에 머물렀다. 조금 더 살을 붙이자면, 자신이 타인을 배려할 상황이 아니더라도 기꺼이 행동으로 옮기는 것이야말로 진정한 품위가 아닐까 생각하곤 했다. 예를 들면 출퇴근길 지하철에서 조금 피곤하더라도 노인들을 위해 서서 가는 것, 시간적 여유가 없더라도 틈을 내어 아픈 친구를 방문하는 것, 급하더라도 대기 줄에서 새치기하지 않는 것, 마음이 내키지 않더라도 장례식에서 끝까지 남아 유족들과 함께하는 것처럼 말이다. 이렇듯 별것 아닌 단순한 일들을 한 번이라도 몸소 실천하는 것이 품위 있는 삶 아닐까.

자기 자신을 전면에 내세우지 않으면서 일상과 삶 속에서 자신보다 권리가 낮은 이들을 고려하는 것. 내가 행하는 많은 일들이 타인에게 직·간접적인 영향을 미칠 수 있다는 사실을 잊지 않는 것처럼 말이다. 그러므로 앞서 등장한 친구와 그의 맥주는 이 주제의 중심에 자리한다. 그의 태도는 내가 생각하는 품위라는 개념에 부합한다. 그는 자신의 행동이 다른 이들에게 어떤 결과를 초래할지까지 세심하게 숙고했기 때문이다.

물론 나는 이 주제와 거리가 있다. 나는 인간으로서의 품위를 충분히 갖추지 못했기 때문이다. 이 세상에서 자신이 세운 높은 기준에 도달한 사람은 아마 없을 것이다. 나 역시 마찬가지다. 또한 높은 기준은커녕 일반적으로 괜찮다고 여겨지는 최소한의 수준에조차 도달하지 못하는 경우도 적지 않다. 내가 여기에서 다루려는 이야기는 그런 것이 아니다. 나는 보통의, 평범한 사람들의 기본적인 예의와 품위에 대해 이야기하려 한다.

누구나 '품위 있는 사람'이라는 평가를 받는다면 큰 칭찬으로 느낄 것이다. 사실 나는 대부분의 사람들에게 공존에 필요한 일종의 본능적 감각이 있다고 믿어왔다. 세상은 절대로 혼자 살 수 없다는 사실과 이 세상에서 타인과 더불어 살아가려면 무엇을 어떻게 해야 하는지도 다들 본능적으로 알고 있을 것이라고 확신한다. 대다수의 사람들이 최소한의 품위와 예의를 지니고 있다는 믿음에는 변함이 없지만, 이런 나의 확신을 방해하는 몇 가지 의문이 생겼다.

얼마 전부터 품위가 상실된 언행과 현상들이 전 세계 곳곳에서 나타나고 있는데, 이는 그저 한번 몰아치고 마는 파도가 아니라 온 세상을 뒤덮을 정도로 광란의 소용돌이처럼 휘몰아치고 있다. 대표적인 예로, 현재 우리는 인간적 품위가 결여된 한 남자가 미합중국의 대통령이 되는 것을 막지 못한 세상에 살고 있다. 뿐만 아니라 그가 이끄는 정부는 스스로의 비열한 언행을 숨기기는커녕 오히려 과시하는 듯하다. 도널드 트럼프가 해온 그 모든 불쾌한 언행들은 결코 반복되어서는 안 된다. 지금까지 그가 쏟아낸 너무나도 많은 혐오의 언행은 충분하고도 남는다.

2017년 초, 로스앤젤레스에서 열린 골든 글로브 시상식에서 배우 메릴 스트립이 했던 수상 소감에도 그런 말이 나온다. 메릴 스트립은 트럼프가 선거 유세 도중 신체장애를 가진 기자의 모습을 대중 앞에서 대놓고 흉내 냈던 일을 상기시켰다. 그 행동을 본 순간 스트립은 가슴이 무너져 내렸다고 했다. 그러면서 "그 장면을 아직도 내 머릿속에서 지울 수가 없다"고 말했다.

그사이 우리는 도저히 견딜 수 없는 수많은 말과 행동을 넘치도록 겪었다. 그다지 현명하지 않은 상당수의 저명인사들이 경솔한 언행을 공공연히 늘어놓았고, 이러한 일련의 사건들로 인해 우리는 종종 놀라 말문이 막히곤 했다. 영어에서는 이런 현상을 '쉿스톰shitstorm'이라 부른다. 말 그대로 불쾌와 혼란이 폭풍처럼 몰아치는 상황을 뜻한다. 다수의 인터넷 공간을 점령한 모욕과 거짓말은 일상이 되었고 이미 우리는 그곳의 어조에 익숙해져버렸다. 나이가 있는 사람들은 정치판에서 벌어지는 격렬하고 거친 논쟁을 한 번쯤은 보았을 것이다. 정치적 논쟁에서는 선을 넘는 경우가 파다한데, 여기서 말하는 선은 품위 혹은 예의와 비슷한 맥락이다. 하지만 오늘날 우리 사회에서 벌어지는 현상은 기존의 정치적 논쟁과는 결이 완전히 다르다.

도무지 이해하기 어려운 천박함이 도처에 널려 있으며, 이는 우리 주변에서 심심치 않게 목격된다. 한 예로 2015년 드레스덴에서 열린 난민 반대 시위에서는 교수대가 등장했다. 교수대에 매달린 종이에는 독일의 총리 앙겔라 메르켈과 부총리 지그마어 가브리엘의 이름과 함께 '예약석'이라고 적혀 있었다. 그럼에도 이를 주도한 극우 단체는 처벌을 받지 않았다.

현재 우리 사회에서는 무슨 일이 벌어지고 있는 것일까?

2016년 봄, 어느 가족을 태운 자동차 한 대가 바덴뷔르템

베르크주에서 나와 뉘른베르크시 동쪽 고속도로 교차로로 진입하다가 화물차와 부딪혀 으스러졌다. 차 안에 있던 세 아이와 어머니는 그 자리에서 사망했고 아버지는 자동차 파편에 심각한 부상을 입었다. 이 사고를 처리하기 위해 고속도로는 4시간 동안 전면 통제되었다. 이후 한쪽 차선의 통제가 풀렸지만 수많은 운전자들이 사고 현장을 휴대폰으로 찍으려고 극히 느린 속도로 천천히 움직였다. 당시 경찰은 휴대폰을 들고서 운전하는 차량들을 두 눈으로 직접 보아야 했다. 2017년 5월, 이와 아주 유사한 일이 A6 고속도로에서도 일어났다. 사고가 나자 고속도로를 달리던 운전자들은 차에서 내려 자신의 차량 문을 잠그고는 사고 현장을 휴대폰에 담기 위해 도로 위를 걸어갔다. 결국 문을 잠가놓은 차들이 구조대가 진입할 길목을 가로막고 말았다.

이 외에도 우리와 그리 멀지 않은 곳에서 어이없는 일들이 벌어지곤 한다. 잘 차려입은 한 젊은 남성이 자신의 커다란 승용차를 몰고 동네를 달리다 모퉁이를 급하게 꺾어 지나갔다. 그때 횡단보도에는 초록색 신호등을 확인한 후 두 아이와 함께 길을 건너던 여성이 있었다. 그런데도 남자는 아랑곳하지 않고 아슬아슬하게 이들 곁을 스쳐 지나갔다. 나와 잘 아는 사이인 그 여성의 말에 따르면, 초록색 신호등을 가리키며 운전자에게 항의하자 그 남자는 차창을 내리며 이렇게 말했다고 한다.

"입 닥쳐, 미친년아!"

물론 지금까지 거론한 모든 일들을 똑같이 취급할 수는 없다. 예절이 형편없는 사람과 난폭하고 거친 부류의 인간은 분명 다르다. 그럼에도 이들은 늘 한 덩어리로 묶였고, 앞으로도 그렇게 취급될 것이다. 그런데 요즘 보면 거의 대부분의 사람들이 위와 같은 상황을 겪었다고 한다. 예의 없는 사람, 배려 없는 사람 그리고 거칠고 폭력적인 사람 등 행태는 각기 다르지만 이들이 결국 우리 사회에 미치는 영향은 크게 다르지 않을 것이다. 또한 한 사람 한 사람이 겪은 불쾌한 일화는 수많은 이야기가 되어 하나의 역사를 이룰 것이다. 현재 우리의 일상이 역사로 남게 된다고 생각하면 조금 두렵기까지 하다. 그러면서 몇 가지 질문이 떠오른다. 지금처럼 풍요로운 사회에서 궤도를 이탈한, 예의와 품위가 결여된 언행이 유독 늘어난 이유가 무엇일까? 그동안 인류가 쌓아올린 문명이 상실되고 있는 오늘날의 현상은 단순히 생존 경쟁의 산물이 아닌, 시대적 위기로 보아야 옳지 않을까? 지금 우리 시대가 마주한 절박한 문제는 과연 무엇일까?

이처럼 현재 우리는 알 수 없는 불안과 위기를 느끼고 있다. 이런 감정들이 처음에는 그저 어렴풋한 예감으로만 느껴질 것이다. 앞으로 우리는 위의 질문들에 답을 찾아가면서 이 불확실한 예감의 정체에 한층 가까이 다가갈 것이다.

얼마 전 한 독자가 나에게 글을 보냈다. 품위가 상실된 현실에 무척 관심이 많았던 그는 이런 이야기를 했다.

누군가에게 "사람이 그러면 안 되지!"라고 말하면 "왜 안 돼? 합법인데!"라는 답이 돌아옵니다. 저는 요즘 같은 시대일수록 품위나 예의 같은 '말랑말랑한 가치들'을 더욱 집중적으로 조명해야 한다고 생각합니다. 인생을 가치 있게 만드는 것은 딱딱한 법이 아니라 부드러운 품위이기 때문입니다.

그는 여기에 덧붙여 최근 라디오에서 들었던 저널리스트이자 작가이며 다큐멘터리 영화 감독인 게오르크 슈테판 트롤러의 인터뷰 내용을 전했다. 유대인인 그는 열일곱 살이던 1938년, 나치를 피해 자신이 나고 자란 오스트리아 빈을 떠나야 했다. (오늘날이었다면 그는 아마 '동행이 없는 미성년자 난민'으로 불렸을 것이다.) 트롤러에게 언제 처음으로 일상에서 나치즘을 느꼈는지 묻자 한 장면을 생생하게 묘사했다.

당시 동네 부랑아들은 그가 유대인이라는 이유로 그의 모자를 빼앗아 손이 닿지 않는 나무 위로 던졌다고 한다. 그는 이와 유사한 일들을 몹시 자주 겪었다고 했다. 그 독자는 이 인터뷰 내용을 나에게 전하며 마지막으로 한마디를 보냈다.

오늘날 우리는 트롤러가 말한 장면과 아주 흡사한 일들을 보고 듣고 겪고 있습니다. 처음에는 시민의식이 사라지고, 그다음에는 어투가 점점 거칠어지면서, 나중에는 몰염치가 도를 넘을 것입니다. 현재 품위와 도덕 그리고 윤리 등은 쓸모없는 가치로 여겨지며 차츰 구석으로 밀려나고 있습니다. 이런 것들이 사라진 자리를 거친 행위가 채우고 있습니다.

2015년 뮌헨에 설립된 나치 기록 박물관을 방문해보면 당시 사회가 그 짧은 기간 동안 얼마나 빠르게 달라졌는지 알 수 있다. 1920년대에서 1930년대 사이, 갑작스럽게 품위와 예의가 사라지면서 지극히 평범한 시민들이 길거리에서 공격을 당했으며, 더 이상 삶을 제대로 꾸려갈 수 없었다.

다소 예민하고 상황을 확대 해석하는 이들에게 다음의 이야기는 꽤나 불편할 것이다. 2015년 베를린에서는 유대인들의 올림픽이자 유럽에서 가장 큰 규모의 유대인 종합 스포츠 대회인 '유럽 마카비 게임'이 열렸다. 이 행사가 열리는 동안 베를린에 거주하는 유대교인들은 행사 참석자들에게 특정 지역에서는 키파(유대교의 전통 의상 중 하나인 작은 모자. ─옮긴이) 착용을 자제하라고 권고했다. 너무 위험하다는 것이 그 이유였다. 수십 년이 지났음에도 몇몇 지역의 사정은 크게 달라지지 않은 모양이었다.

그로부터 2년 뒤, 나는 《쥐트도이체 차이퉁》에 실린 유대인 학생 파울에 대한 기사를 읽었다. 베를린에서 학교를 다닌 파울은 괴롭힘과 협박, 구타와 모욕을 당한 끝에 학교를 떠나야만 했다. 기사에 따르면 파울은 학교 당국과 담당 교사로부터 적절한 도움을 받지 못했다고 한다. 그 기사에는 파울처럼 유대인을 대상으로 한 학교 폭력 사례가 열거되었는데, 흥미롭게도 폭력 가해자는 모두 아랍이나 터키 출신뿐이었다.

　　조금 다른 이야기를 해보자. 2017년 5월, 한 남성이 내가 사는 동네의 거리 한복판에서 집단 폭행을 당했다. 이유는 그가 동성애자이기 때문이었다. 이 같은 공격은 현재 우리 사회에서 적잖이 발생하고 있다. "최근 들어 (동성애자들을 향한) 언어 및 육체적 폭력의 위협이 눈에 띄게 증가하고 있으며, 당사자들은 이를 감수해야만 하는 실정이다." 기민련(독일 기독교민주연합.—옮긴이) 의장단의 일원이자 경제부차관을 역임한 독일 연방 하원 의원 옌스 슈판의 말이다. 현재 베를린에서 동성 파트너와 살고 있는 슈판 또한 일상에서 수많은 폭력을 겪어야만 했다. 2016년 한 해 동안 독일에서 난민 보호소를 공격한 사례는 셀 수 없이 많았다.

　　2017년 초, 스포츠 전문지 《슈포르트 빌트》는 두 면을 할애해 축구 팬들의 야만성이 두드러진 사례를 정리한 바 있다. 그런데 지면에 실린 모든 사건·사고는 불과 며칠 사이에 벌어진 일들이었다. 덴마크 코펜하겐에서는 한 팬이 선수에게 죽은 쥐를 던졌으며, 노르웨이에서는 부심이 후추 스프레이 공격을 받기도 했다. 프랑스 생테티엔에서는 경기장을 점령한 훌리건들이 난동을 부렸는데, 이 때문에 당일 경기는 비공개로 진행되어야 했다. (폭력에 대한 처벌은 한참 뒤에야 이루어졌다.) 프랑크푸르트에서는 관중석에 대형 현수막이 하나 걸렸다. 거기에는 "우리를 계속 방해한다면… 경찰들은 죽을 줄 알아라!"라는 글이 적혀 있었다(경찰이 이전 경기를 방해했던 관중을 연행한 것에 대한 항의 표시였다.—옮긴이). 함부르크와 네덜란드 에인트호번에서는 팬들이 연막탄에 불을 붙이는 바람에 경기가 중단되기도 했다. 지금껏 소개한 사례는 극히 일부에 불과하다.

2017년 6월, 《슈피겔》은 최근 영국의 달라진 일상에 관한 기사를 내보냈다. 살면서 그런 기사를 접해본 적이 없었기에 상당히 충격을 받았다. 기사에는 다음과 같은 문장이 있었다.

영국의 매체들이 이를 크게 다루지 않는 한, 영국에 사는 이슬람교도 소녀들은 매일같이 침 뱉음을 당할 것이며, 이슬람교도들의 자동차에는 토사물이 담긴 봉투가 던져질 것이고, 자동차 와이퍼 밑에는 돼지고기가 끼워져 있을 것이다.

미셸 오바마는 2016년 가을, 한 연설을 통해 대중의 마음을 울렸다. 그녀는 품위를 "인간으로서 갖추어야 할 기본적 규범"이라 칭하며 품위의 중요성을 되새겼다. 그런데 품위란 대체 무엇을 뜻하는 것일까?

이 "말랑말랑한 가치"는 자세히 들여다볼수록 개념이 결코 명확하지도, 분명하지도 않다는 것을 깨닫게 된다. 다시 말해 품위는 모두가 쉽게 이해하고 받아들일 수 있는 개념이 아니다.

내가 주변 사람들에게 이 단어에 대해 질문을 던지면 돌아오는 대답은 가지각색이었다. 한 친구는 바이에른의 김나지움(독일의 9년제 인문계 고등 교육 준비 과정.-옮긴이)에 다니는 아들이 받아온 성적표에서 이 단어를 발견했다고 했다. 그 성적표에는 이런 문장이 있었다. "아이가 항상 품위 있게 행동합니다." 그는 요즘 누가 이런 표현을 쓰냐며 진부하다 못해 곰팡내가 풀풀 난다고 말했다. 그러면서 그는 1950년대에나 쓰던 문장 같다고, 품위라는 단어는 어렸을 때 지겹도록 자주 들은 말이라고도 했다. 친구의 말처럼 우리 세대는 부모님으로부터 "품위 있게 행동해! 단정하게 자리에 앉아!" 같은 말을 빈번히 들었다. 남들 눈에 띄지 않게, 차분하고 단정하게 행동하기를 바랐던 부모님은 품위나 예의를 무척이나 강조해 귀에 못이 박힐 지경이었다. 그래서 품위 있는 언행을 깊이 생각할 필요가 없었다. 몸과 마음에 이미 인이 박혔기 때문이다.

또 다른 친구는 울리 회네스(선수 시절 대부분을 FC 바이에른 뮌헨 소속으로 활약했던 축구 선수 출신 스포츠 경영인.−옮긴이)가 다시 FC 바이에른 뮌헨의 회장이 되었다는 소식에 즉각 분노를 터뜨렸다. 회네스는 탈세 혐의가 드러나 회장직에서 물러난 이력이 있는데 결국 제자리로 돌아온 것이다. 내 친구는 부끄러움을 모르는 범죄자가 저런 높은 자리를 또 차지했다며 비난을 쏟아냈다. 나는 회네스의 편에서 일종의 변론을 했다. 그래도 징역형을 받고 복역했으니 죗값을 받지 않은 다른 수많은 이들에 비하면 품위 있는 인간 아니냐고 반문했다. 그러자 친구는 열변을 토하며 말했다.

"그래, 좋아. 그렇지만 그런 일을 저지르고도 다시 제자리로 돌아온다는 게 대중에게 어떤 영향을 미치는지는 알아야지. 축구계 고위직은 스포츠 분야에 있는 무수한 젊은이들이 꿈꾸는 자리잖아. 그럼 모범을 보여야 하지 않을까?"

세 번째 친구는 자신의 아내에 대해 이야기했다. 아이가 다니는 유치원에 갔다가 어느 학부모에게 심한 모욕을 당했다는 것이다. 전후 상황을 들어보니 당시 그 학부모의 아들은 가볍지 않은 전염병을 앓고 있었다. 그래서 친구의 아내는 그 아이의 아버지에게 다른 원생들을 위해 당분간 아이를 집에서 돌보는 것이 좋지 않을지 정중하게 물었다. 이 상황은 어떻게 설명해야 할까? 이것 또한 품위와 연관된 일일까? 친구의 아내는 품위 있게 행동한 것일까? 아니라면 무엇일까?

품위라는 개념에 더욱 가까이 다가갈수록 우리는 상당한 충격을 경험하게 될 것이다. 1941년 하인리히 힘러(나치 친위대와 게슈타포를 지휘했으며, 유대인 대학살의 실무를 주도한 책임자.-옮긴이)는 딸의 학급 문집에 다음과 같이 적었다. "언제나 품위 있고, 용감하며, 관대하게 살아야 한다." 그런 그가 1943년 10월, 폴란드 포젠에서 나치 친위대에게 했던 두 번의 연설에서는 유럽에 사는 유대인들을 절멸해야 한다고 주장했다.

당원들마다 "유대 민족은 절멸되고 있다"고 말합니다. "유대인 말살은 우리 계획의 일부이며, 우리는 반드시 그들을 절멸시킬 것"이라고도 합니다. 그러면 우리 순수한 8000만 독일인들은 주변에 품위 있는 유대인이 하나씩 있다는 걸 깨닫게 될 겁니다. 다른 유대인들은 모두 돼지처럼 보이지만, 자신 곁에 있는 유대인만은 훌륭한 유대인이라고 말하고 싶을 겁니다. 하지만 이렇게 말하는 사람들 중에 유대인 말살을 끝까지 해내거나 지켜볼 수 있는 이는 없습니다. 이제 여러분은 100구의 시체가 놓여 있던 곳에 500구 또는 1000구로 시체가 늘어나면 내 말을 이해하게 될 겁니다. 이를 끝까지 견뎌내는 일 그리고 (인간의 나약함이라는 예외를 제외하고) 인간으로서의 품위를 유지하는 일은 우리를 강하게 만듭니다. 이 같은 일은 우리 역사에 한 번도 기록된 바 없으며, 이렇게 영광스러운 페이지는 앞으로도 존재하지 않을 것입니다.

그는 무슨 말을 하려던 것일까? 힘러의 의도를 이해하려면 다음으로 이어지는 연설을 자세히 읽어야 한다. 너무나도 기괴해서 끝까지 읽기 어렵더라도 말이다.

나치 친위대원들이 절대적으로 지켜야 할 기본 원칙은 다음과 같습니다. 정직하고, 품위 있고, 충실하며, 동지애를 가져야 합니다. 이는 우리와 같은 피를 가진 동지들에게만 해당되며, 그 외에 다른 이들에게는 절대 해당되지 않습니다. 러시아인에게 무슨 일이 일어나든, 체코인에게 무슨 일이 벌어지든 아무 상관이 없습니다. 우리가 좋은 혈통을 유지하는 데 이로운 민족이 있다면 우리는 그들을 기꺼이 데려올 것입니다. 꼭 필요하다면 그들의 아이를 납치해 키울 수도 있습니다. 다른 민족들이 풍요롭게 살든, 굶주림에 죽어가든 나는 관심이 없습니다. 다만 우리의 문화를 위한 노예로서 그들이 필요한지에만 관심이 있습니다. 1만 명의 러시아 여자들이 우리를 위해 대전차호(전차나 장갑차를 막기 위해 파놓는 구덩이. - 옮긴이)를 파다가 기진맥진해 쓰러지든 말든 관심 없습니다. 나는 오로

지 독일을 지켜줄 대전차호가 제대로 완성되는 것에만 관심이 있습니다. 우리는 절대로 거칠어지거나 냉혹해지지 않을 것입니다. 그래서는 안 됩니다. 우리 독일인들은 이 세상에서 유일하게 동물을 올바르게 대하는 민족이며, 앞으로 이 인간 동물들을 대할 때에도 관대하고 품위 있는 자세로 임할 것입니다. 그러나 그들을 걱정하거나, 그들이 이상을 품도록 하는 행위는 우리 고유의 혈통에 대한 범죄입니다. 그렇게 내버려둔다면 그들로 인해 우리의 아들과 손자들은 더 큰 고통을 겪게 될 것입니다.

여기까지 읽고 나면 품위라는 개념을 명확히 정의 내리기 어려울 것이다. 이렇듯 품위는 각자의 관점에 따라 다르게 읽힌다. 세계사에서 손꼽힐 만큼 엄청난 대량 학살을 저지른 인물이 자신을 비롯해 동료들에게 품위를 유지하자고 권고하는 부분은 고개를 갸우뚱하게 만든다. 그가 강조한 품위라는 단어는 도대체 무엇을 뜻하는 것일까? 실제로 당시 많은 이들에게 품위는 일종의 부차적 가치 중 하나였다. 그래서 품위라는 이름으로 유대인을 강제 수용소로 끌고 가기도 했다. 유대인들이 품위를 '오염시킨다'는 명분으로 말이다. 그렇게 품위라는 개념은 '망가졌고', 모든 도덕적 논쟁은 '쓸모없어져' 버렸다. 품위는 용어 자체가 모호하고 상대적인 까닭에 인류 역사상 가장 악명 높은 범죄자가 가져다 쓰기에 아주 적절한 개념이었다. 그에게 품위라는 단어는 아무런 의미를 가지지 않았다. 이러한 해석은 결코 무리가 아니다. 그의 연설만 보아도 분명히 알 수 있지 않은가.

한편으로 나는 힘러의 전략에 눈길이 간다. 이처럼 인간의 기본 원칙에 해당되는 개념을 뒤틀어 체제를 유지하는 방식은 고도의 전략이라 할 수 있다. 이를테면 자유나 진실 그리고 정의와 같은 개념들을 고유의 뜻이 아닌, 전혀 다른 의미를 지닌 대척점에 있는 단어로 대체하는 것이다. 이런 전략은 대중으로부터 말을 빼앗음으로써 체제 유지나 전쟁을 성공적으로 이끄는 데 기여한다.

조지 오웰의 유명한 소설 《1984》에는 선전 및 보도를 담당하는 진리부가 등장한다. 진리부는 정보를 통제하면서 당의 최고 지도자인 빅브라더의 통치에 유리한 프로파간다와 신조어를 만들어 퍼트린다. 예컨대 '자유는 노예다', '전쟁은 평화다', '무지는 장점이다' 등으로 정의하며 고문실을 유희실로 지칭하는 식이다. 즉 기존의 단어에 완전히 새로운 반대 의미를 부여하여 결국 고유의 뜻마저 잃게 된다. 그러면 단어가 가진 원래의 뜻은 사라지고 그 단어는 사용할 수 없는 개념이 된다. 이 과정이 지속적으로 이루어지면 빅브라더에 대항하는 이들은 더 이상 아무런 언어도 갖지 못하게 된다.

어디선가 읽은 글에 따르면 중국에는 여기에 적합한 속담이 있다. 바로 '지록위마指鹿爲馬'인데, 이를 이해하려면 조고趙高라는 인물이 살던 진나라로 거슬러 올라가야 한다. 조고는 지금으로부터 2000여 년 전인 진나라 시대 중국 황실의 승상이자 내시였다. 어느 날 조고는 황제와 신하들이 모인 자리에서 사슴 한 마리를 바치며 이렇게 말했다. "황제 폐하! 폐하를 위해 말 한 마리를 올려 드립니다." 그러자 몇몇 신하들이 저것은 말이 아니라 사슴이라고 주장했다. 또 다른 신하들은 그저 놀란 나머지 침묵으로 일관했다. 그 외에 다른 신하들은 조고에 굴복하며 사슴을 보고도 말이라 칭했다. 결국 조고를 따른 신하들은 살아남았으나 그렇지 않은 이들은 모두 처형되었다.

독재는 이런 식으로 작동한다. 오늘날도 예외는 아니다. 현재 중국의 지도자는 전지구적 연결망을 칭송하면서도 자신의 국가에서는 자유로운 인터넷 접속을 제한하고 있다. 터키 대통령 에르도안은 자신에게 반하는 세력을 향해 거의 테러리스트에 준하는 수준으로 맞대응한다. 또한 도널드 트럼프는 선거전 내내 상대 후보인 힐러리 클린턴이 사기꾼이며 거짓말쟁이라고 비방하면서 상당수의 유권자들이 믿게끔 만들었다. 그의 허황된 주장이 지속되자 언제부터인가 이를 사실로 믿어 버리는 사람들이 늘어난 것이다.

품위 있는 삶이란 무엇인가

꿈

나는 내 나름대로 정의한 품위라는 개념을 쉽게 내려놓지 않을 것이다. 혹시라도 내려놓게 되면 여태까지 내가 품위 없다고 여긴 행동들 앞에 스스로 항복하게 될 것만 같다. 내가 품위라고 여겼던 언행을 고수해야 품위 없는 삶과 거리를 둘 수 있다. (나는 전제군주나 독재자 그리고 범죄자에 관한 이야기를 다룰 때에도 마찬가지로 '품위 없는' 언행과 거리를 두려고 한다.)

그럼 이쯤에서 몇 가지 질문이 생긴다. 품위의 상실은 앞서 언급한 사람들이 권력을 쟁취하는 길에 방해가 되지 않는 것일까? 아니면 반대로, 품위를 상실한 상태가 최악으로 치달을 경우 독재로 가는 첫 번째 길이 되는 것일까? 그렇다면 (다시 처음 이야기로 돌아가서) 내가 친구와 함께 마셨던 그 맥주는 정말 품위와 관련이 있는 것일까? 이 질문에 답을 하려면 먼저 우리가 현재 이해하고 있는 품위가 무엇인지를 적절히 정의할 필요가 있다. 아니면 적어도 품위와 연관된 다른 여러 개념들을 살펴보아야 한다.

이런 방식으로 접근하는 것이 품위를 보다 넓고 깊게 이해하는 데 도움이 될 거라 생각한다. 개인적으로 나는 품위를 떠올리면 정의로움·공평함 등이 연상된다. 또한 타인과 연대할 때 느끼는 인간의 기본적 감정들도 떠오른다. 이에 더해 아무도 보고 있지 않더라도 원칙을 지키려는 생각 역시 품위와 연계된다. 타인과 나 자신에게 정직하고 열려 있는 태도도 여기에 해당된다. 더불어 공명정대함을 빼놓을 수 없다. 공명정대는 말하고 행함에 있어 숨은 의도 없이 떳떳한 상태를 의미한다. 그리고 자신의 언행을 비판적으로 바라볼 수 있어야 공명정대하다 말할 수 있다. 끝으로 지금까지 열거한 사항들을 기꺼이 지키려는 의지가 있어야 품위와 가깝다고 할 수 있다.

여기에 덧붙여 짧은 이야기를 하나 해볼까 한다. 2003년 투르 드 프랑스(매년 7월 프랑스에서 열리는 사이클 대회. ─ 옮긴이)의 열다섯 번째 구간은 프랑스 피레네 산맥에 위치한 뤼즈 아르디 당의 정상에 오르는 것이었다. 선두에는 미국의 랜스 암스트롱이 달리고 있었고, 그 뒤로 독일의 얀 울리히와 바스크 출신 이반 마요가 치열한 경쟁을 벌이고 있었다. 암스트롱은 오른쪽 커브를 돌던 중 길가에서 응원을 하던 어느 관중의 비닐 봉투에 핸들이 휘감기면서 넘어지고 말았다. 뒤따라오던 마요 또한 암스트롱과 충돌하며 넘어졌다.

당시 울리히는 종합 성적 15초 차이로 암스트롱에게 밀리고 있었다. 그 순간 계속해서 달렸더라면 울리히는 1위인 암스트롱과의 격차를 줄이는 것은 물론이고 단번에 종합 선두에도 오를 수 있었다. 하지만 그는 달리지 않고 멈췄다. 울리히는 두 명의 경쟁자가 다시 일어나 달릴 때까지 기다렸다. 암스트롱은 오히려 이 상황을 기회로 삼아 속도를 한껏 올렸다. 당황한 울리히는 암스트롱의 속도를 따라잡을 수 없었다. 결국 암스트롱은 그 구간에서 1위를 했고, 종합 우승을 차지했다. 울리히는 자신의 정정당당한 스포츠맨십의 희생자가 된 셈이다.

당대 최고의 사이클 선수였던 두 사람은 훗날 금지 약물을 복용한 사실이 드러나면서 파문을 일으키기도 했다. 그로 인해 암스트롱은 투르 드 프랑스에서의 우승 기록을 모두 박탈당했다. 이 얼마나 역설적인가! 오늘날 두 사람은《프랑크푸르터 알게마이네 차이퉁》의 표현대로 "박살난 두 개의 조각"으로 남고 말았다. 화려했던 두 사람의 명성은 오명으로 얼룩졌으며, 심지어 암스트롱은 수차례 거짓말을 한 탓에 재산의 상당 부분을 그 대가로 치러야 했다. 그럼에도 울리히가 보여준 '상징적 제스처'는 빛바래지 않은 채 우리의 기억에 오래도록 남을 것이다. 넘어진 이들을 기다리며 타인의 불행을 이용할 기회를 포기한 울리히의 행동은 동일한 조건에서 공정한 경쟁을 펼치고자 했던 깊은 마음을 보여준다. 무엇보다 그는 우승이나 성공, 선두에 올라서는 것보다 더욱 소중한 가치를 지키고자 했다. 지금 당장 손에 잡히는 무언가가 아니더라도 말이다! 물론 그들에겐 보통의, 일상적인 사이클 경기였을 것이다. 하지만 나는 이 '일상성'에 주목한다. 품위가 없는 사람은 평범한 보통의 삶 속에서도 타인을 배려하거나 고통에 동참하지 않는다.

소설가 에리히 케스트너는 1931년에 발표한 작품《파비안》을 통해 황량한 시대 속에서 도덕주의자로 살아간 한 인물을 그린다. 소설의 배경은 패전 이후 나치가 세상을 점령하기 바로 직전의 시대로, 당시 독일인들은 비참하고 허무한 삶을 간신히 꾸려간다. 주인공 파비안은 이러한 시대적 상황 속에서 품위 있는 삶을 고수하고자 홀로 분투한다. 그는 "이 세상이 과연 품위를 갖출 가능성이 있는지, 호기심 어린 눈으로 바라보며" 시간을 보냈다. 그는 당시 독일 사회를 뒤덮었던 돈·알코올·섹스 같은 욕망에 휘둘리지 않았다. 파비안이 가장 사랑했던 그의 어머니는 그가 사회에 쓸모 있는 일원이 되기를 원했다. 이른바 "번듯한 회사"에 들어가 사회의 한 구성원으로 살기를 소망한 것이다. 하지만 그는 그러고 싶지 않았다. 그리고 그럴 수도 없었다. 그는 "아직 그 정도로 지쳐 있지는 않았다." 그에게 돈벌이는 그리 중요하지 않았다. 그는 자신이 가진 약간의 돈을 남에게 내어줄 정도로 물질에 관심이 없었다. 또한 그는 정치적 시대정신에 어리석게 굴복한 현 사회에 의구심을 품었다. 심지어 그는 사랑했던 아내를 떠나기도 했다. 그 이유는 아내가 배우로서 성공하기 위해 어느 영화감독과 잠자리를 가졌기 때문이다. 늘 뭔가 다른 것을 찾아 헤맨 파비안은 물에 빠진 어린 소년을 구하려 강물로 뛰어들었다가 끝내 익사하고 만다. 그는 수영을 할 줄 몰랐기 때문이다. 어린 소년은 가까스로 헤엄쳐 나와 강가에서 비통하게 울부짖는다.

케스트너의 소설에서 보여주듯이 품위는 개인의 문제이기도 하며, 매 순간 자신에게 질문을 건네면서 끊임없이 찾아가야 하는 대상이기도 하다. 또한 품위를 갖추고자 한다면 우리에게 익숙하고 자연스러운 것들을 가끔은 의심하고 반문할 필요도 있다. 다들 흔히 하는, 별다른 생각 없이 자동적으로 튀어나오는 타고난 언행을 할 때에도 혹시나 품위에 거스르지 않는지 곱씹어야 한다. 이처럼 우리가 인간으로서의 품위에 대해 몰두하고 신경 쓰고 노력한다면 이것이야 말로 문명의 진보가 아닐까?

그렇다면 (다시 처음에 했던 이야기로 돌아가) 내가 만약 친구가 '그' 맥주를 꺼려하는 이유를 묻지도 않고 그저 내 입맛에 맞는다는 이유로 마셨다면, 이건 품위 없는 행동일까? (물론 나는 그렇게 생각하지 않는다.) 술을 주문할 때마다 이 술이 도덕적으로 정당한 회사에서 생산된 것인지 일일이 확인하는 사람이 과연 얼마나 될까? (나 역시 그럴 시간도 여력도 없다.) 또한 나는 알프스 지역에서 발생하는 모든 문제에 관심을 쏟을 수 없다. 게다가 아마도 나는 그 맥주가 만들어지는 지역의 환경 정책을 제대로 비판하지도 못할 것이다. 나는 그곳에 살지 않기에 상황을 잘 모르는 데다 그 지역에서 해당 문제를 담당하는 이들이 따로 있기 때문이다. 솔직히 말하면 내가 마지막으로 그 지역을 방문한 것이 언제인지도 정확히 기억나지 않는다. (적어도 15년은 넘은 듯하다.) 그럼에도 불구하고 맨 처음 주점 주인이 맥주 종류를 열거했을 때, 맛을 떠나서 각 맥주 회사가 도덕적으로 올바르며 법을 어기지는 않았는지 확인해야 했을까? (알다시피 나는 그렇게 하지 않았다.)

나의 일관성 없고 단정치 못한 태도를 당당하게 내세우거나 정당화하려는 것은 아니다. 나는 그저 이 세상에 그 누구도 완벽하지 않으며, 언제나 선만 행하는 사람은 없다고 말하고 싶었다. 한 사람의 인생을 오직 선과 악으로 나누어 판단한다면, 거대한 돋보기로 생의 도덕성만을 면밀히 들여다본다면,

온전히 선에 속하는 이는 아무도 없을 것이다.

그러나 이렇게 단정 짓기에는 아직 이르다. 선보다 악을 더 빈번히 행하는 우리 인간이지만, 그럼에도 선하고 예의 바르며 품위 있는 삶을 꾸리기 위해 지극히 사소한 부분부터 신경 쓰려는 일말의 시도가 있다면 그것만으로도 충분히 높이 살 만하다고 생각한다. 이는 세상에 놓인 복잡한 문제들을 다룰 때에도 마찬가지다. 작고 사소한 것이 모이면 막대한 힘을 가지는데, 이는 긍정적인 영향을 미칠 수도 있고 부정적인 영향을 미칠 수도 있다. 오늘날 우리는 작디작은 잘못된 정보들이 물밀듯이 밀어닥쳐 진실을 왜곡하고 뒤트는 사회에 살고 있다. '단조로움'의 공격으로 '심사숙고'는 설 자리를 잃어가고 있으며, 어렵고 복잡한 모든 문제들은 불타오르는 분노로 소실될 위기에 처했다.

내가 앞서 등장한 그 친구의 행동을 품위 있다고 칭한 이유가 여기에 있다. 그는 자신의 개인적인 행동 하나가 이 세상에 어떤 의미를 지니는지 깊이 생각했다. '스스로 깊이 사고하는' 그 자체만으로도 품위 있는 행동이 아닐까.

이쯤에서 품위와 연관된 개념들을 조금 더 살펴볼까 한다. 품위라고 하면 대부분은 무의식적으로 일상생활과 연계해 예절·매너·에티켓 등을 떠올릴 것이다. 이를테면 수프나 국을 먹을 때 소리를 내지 않는다거나, 여성이 출입할 때 문을 잡아주는 것처럼 말이다. 이 같은 규칙은 사회생활에서 꼭 지켜야 할 것으로 여겨지며, 혹시라도 거스르면 큰 실례가 된다. 매너 혹은 에티켓이라 불리는 태도는 아돌프 크니게Adolph Knigge라는 독일인과 관련이 있다. 독일에서는 매너 하면 크니게를 떠올릴 정도다. 식사 예절을 비롯해 옷차림이나 사람과의 만남에서 지켜야 할 사항을 정리하여 책으로 펴낸 크니게 덕분에 서구인들은 칼과 포크 그리고 냅킨을 잡을 때에도 일관된 방식을 유지할 수 있었다. 뿐만 아니라 악수나 손등 키스, 넥타이 매는 방법에도 나름의 규칙이 정해져 이른바 서양식 에티켓이 널리 자리를 잡았다.

하지만 우리가 다루는 품위는 에티켓이나 매너와 다르다. 크니게는 1788년에 펴낸 초판본(이후 판본에는 처음의 내용이 수차례 수정되고 가공되었다)에 《인간관계에 대하여》라는 제목을 붙였다.

크니게는 이 책을 교육 목적으로 저술했다. 그가 살았던 18세기는 시민 계급이 크게 성장하여 기존과는 다른 새롭고 권위 있는 계층으로 자리잡던 시기였다. 따라서 당시의 시민 계급은 귀족에 버금가는 면모를 갖추기 위해 언행을 재교육할 필요가 있었다. 독문학자이자 수사학자인 게르트 위딩은 크니게가 "예의범절을 갖춘, 도덕적으로 완벽한 시민이 실로 모범적인 인간이 될 수 있도록 돕기 위해" 이 책을 썼다고 해석한다. 위딩의 분석에 따르면 "시민 개개인을 관리하고 육성하여 우아한 계층으로 거듭나도록 만드는 것"이 크니게의 목적이라 할 수 있다. 책에서 크니게는 무뚝뚝하고 거친 태도를 경계하며 "부드러움과 유약함, 조심스러움" 등을 강조한다. 또한 부유한 시민 계급의 "상스러운 오만함, 자유분방한 인간관계, 달변, 수다스런 대화, 경박함" 등은 교육을 통해 우아함과 고상함으로 바꾸어야 한다고 권한다. 가세가 기운 귀족 가문 출신이었던 크니게는 가정적이고 '시민다운' 삶이 주는 기쁨을 행복이라 여기며 높이 샀다. 위딩은 크니게의 책이 서구 에티켓의 초석을 놓았다고 본다. 인간관계와 처세술을 다룬 그의 책은 훗날 서구 사회 예의범절의 입문서가 되어 일상 속으로 깊이 파고들었다.

그러나 그것이 전부는 아니다. 크니게의 저서를 보다 자세히 들여다보면 다음과 같은 문장이 나온다.

여기서 언급된 인간관계의 법칙은 단순히 관습적으로 몸에 밴 예의가 아니며 정치적 수단 또한 아니다. 이 법칙들은 인간으로서 지켜야 할 기본적인 의무로 자리 잡아야 한다. 계층을 떠나 모든 인간에게는 책임이 있다. 그 책임은 바로 도덕성과 분별력을 통해 우리가 속한 체제를 든든히 유지하는 것이다. 체제의 토대는 도덕성과 분별력이 받치고 있어야 한다.

도덕과 분별이라니, 멋지지 않은가? 인간이 지켜야 할 '기본적인 의무'를 강조한 부분도 인상적이지만, 무엇보다 "모든 인간에게는 책임이 있다"는 문구는 매우 중요한 대목이다. 이는 우리가 다루는 주제의 핵심이기도 하다. 품위는 특정한 사람들에게만 해당되는 것이 아니다. 세상에 그런 품위는 없다. 품위는 모든 인간이 마땅히 지켜야 하는 태도이다.

크니게의 책에서 가장 핵심적인 부분은 따로 있다. 그는 이상적인 생활 태도가 명령에 의해 억지로 강요되어서는 안 되며, 인간에 대한 존중과 이해를 통해 저절로 생겨나야 한다고 말한다. 그는 책에서 "타인과 좋은 관계를 맺으려면 다양한 인간들의 성품을 자세히 연구해야 한다"고 말한다. 이 남자는 주변 사람들을 이리저리 들여다보며 그들이 어떤 사람이었는지 그리고 지금은 어떤 사람인지를 파악했다. 그렇게 크니게는 상대방과 최상의 관계를 맺을 수 있는 방법론을 발전시킨 것이다.

보통 품위에 대해 이야기하면 제일 먼저 인간이 지켜야 하는 일상의 도덕, 즉 생활 속 예절부터 떠올린다. 그러고는 타인에 대한 이해는 한쪽으로 치워버린다. 사실 품위는 이해에서부터 시작되어야 한다. 하지만 대부분은 이를 소홀히 여긴다.

독문학자 카를 하인츠 괴테르트는 《시간과 풍습: 품위의 역사》라는 책에서 이렇게 말한다.

사람이 모인 공동체에는 늘 예절이 존재한다. 예의범절을 포기한 문화는 상상하기 어렵다. 그렇다고 모두가 동일한 예절, 동일한 품위를 지닐 필요는 없다.

그러면서 키케로가 정의한 품위를 예로 든다. 키케로는 타인을 향한 모욕을 내려놓는 것이 품위의 중요한 특징이라고 언급한 바 있다. 괴테르트는 키케로의 정의를 덧붙이며 다음과 같이 적는다.

품위는 다치지 않을 권리이다. 이 권리는 칼이 들어오지 않도록 지켜준다. 이처럼 품위는 말로 스스로를 지키는 것이다.

이쯤에서 궁금증이 하나 생긴다. 이 전언은 오늘날에도 여전히 유효할까? 괴테르트는 2005년 덴마크에서 벌어진 '무함마드 만평 논란'을 인용하며 현 사회와 품위를 연결 지어 해석한다. 덴마크의 일간지 《윌란스 포스텐》은 이슬람의 예언자인 무함마드가 폭탄 모양의 터번을 머리에 얹은 모습을 만평으로 그려 신문에 실었다. 이 만평은 무슬림이 모욕을 느끼기에 충분했고, 이로 인해 덴마크뿐 아니라 전 세계 무슬림들은 분노에 휩싸였다. 그리하여 일부 극단적인 무슬림들은 피의 보복을 하겠다며 살해 위협을 하기도 했다. 반면 한쪽에서는 표현의 자유를 내세우며 신문 만평은 그 내용이 무엇이든 모욕 여부와 상관없이 허용되어야 한다고 주장했다. 진실 추구를 위한 작업이므로 표현의 자유, 언론의 자유가 침해되어서는 안 된다는 것이다. 이 사건을 소개하며 괴테르트는 "모욕감이란 문화에 따라 크게 좌우되는 개념"이라 말한다. 이어서 그는 품위란 "결국 한 사회에 존재하는 가장 중요한 문제를 어떻게 푸느냐에 달려 있는데, 이 과정에서 폭력을 지양할 때" 품위 있는 사회가 된다고 적는다. 말하자면 타인의 눈을 바라보는 것, 서로 공감하고 협력하는 것이야말로 품위의 기본이라 할 수 있다. 그런데 품위는 시대와 사회를 거스르는 보편적 개념이 아니다. 시간에 따라 달라지는 개념이다. 살인은 모든 시대 및 사회에서 금지되지만 모욕은 그렇지 않다. 어떤 비판도 견딜 수 있는 면역력으로 모욕을 사용한다면, 오늘날처럼 자유를 추구하는 사회에서의 모욕은 키케로가 살던 시대와는 다른 의미를 갖게 된다. 지금 우리는 (모욕 여부와 상관없이) 종교를 자유롭게 비판해도 되는 시대를 살고 있다.

하지만 앞서 다룬 만평 논란은 문제가 조금 다르다. 당시 그 만평을 제대로 접하지 않은 사람들조차 해당 만화가를 살해하겠다고 위협했다. 바로 이 지점에서 무함마드 만평 논란은 더 이상 모욕이나 신성모독의 문제가 아닌, 관계의 문제로 방향이 전환된다. 모욕을 했다고 사람을 죽이지는 않는다. 그리고 그래서도 안 된다.

품위는 법도 아니며 도덕도 아니라고 괴테르트는 이야기한다. 이렇게 설명하면 도움이 될지도 모르겠다. 즉 품위는 "유행과 유사하면서 이를 넘어서는 개념으로, 해가 바뀔 때마다 (반드시) 입어야 하는 옷이 있듯이 각각의 시대에 발생하는 문제를 매번 새로운 생각으로 해결하는 방식"이라 할 수 있다. 그럼 여기서 몇 가지 질문이 떠오른다. 현재 우리가 사는 시대에서 지켜야 하는 품위는 과연 무엇일까? 지금 우리는 어떤 생각을 가져야 하며, 지금 우리가 마주한 문제는 무엇일까?

솔직히 나는 이 부분에서 약간 의구심이 든다. 유행이라니? 유행은 너무 임의적이지 않은가? 물론 각 시대마다 그에 알맞은 품위의 개념을 새롭게 찾을 수도 있다. 그럼에도 언제나 유효하고 모든 형태의 문명사회에 딱 들어맞는, 보편적이며 필수불가결한 품위가 있지 않을까?

철학자 디터 토메는 이 주제를 깊이 연구한 임마누엘 칸트의 견해를 풀어 논문으로 발표한 바 있다. 칸트는 고향 쾨니히스베르크에서 강의를 시작할 때부터 인간적 품위를 다루었다. 초기에는 품위를 두고 형식적으로 규칙을 따르는 단순한 순응주의라며 비판적인 태도를 취했다. 실제로 품위는 순응주의 이상의 의미를 담고 있다. 다시 말해 무조건적으로 규칙을 따른다기보다, 내면의 도덕적 신념과 상관없이 보여주기 위해 관습적으로 행동 강령을 따르는 것이기도 하다.

품위를 바라보는 이 같은 견해는 오늘날 우리에게도 그리 낯설지 않다. 품위는 일종의 사회적 윤활제 역할을 하며 각 사회가 제대로 기능하도록 도와준다. 한때 동성애가 품위 없는 태도로 간주되던 시대가 있었다. (물론 지금도 여전히 그렇게 여기는 곳이 있기는 하지만.) 토메에 의하면 "모자 없이 거리를 다니면 품위 없다고 취급되던 시대가 있었으며, 자녀에게 규칙적으로 매를 들면서 훈육하는 방식이 품위라고 여겨지던 시대도 있었다." 극단적인 사례이긴 하지만, 어느 나치 친위대는 품위를 지킨다는 명목으로 유대인들을 학살하면서도 그들의 재산을 개인적으로 착복하지 않았다고 한다.

보다시피 "품위는 어떤 이름이 붙여지느냐에 따라 다양한 모습으로 변모한다. 확실히 품위는 모호하고 흐릿하며 불분명한 경향이 있다. 어떤 행동을 두고 품위라고 명명하면 그 행동은 이내 품위에 속하게 된다."

초기와 달리 훗날 칸트는 품위를 보다 넓게 해석했다. 그러면서 칸트는 개인의 내면에 깃든 고유의 도덕적 가치들을 예로 동원하여 품위에 접근했다. 여기에는 상냥함·솔직함·다정함·정중함·말하기 좋아함 등이 속한다. 이 모든 것들은 "합법적 행동 양식에만 규정되지 않으며, 타인과의 어울림에 필요한 인본주의적 특징을 포함한다"고 토메는 서술한다. 즉 칸트식 품위는 비인간성을 은폐하는 수단이 아니며 그럴 수도 없다는 뜻으로 풀이된다. 여기에 더해 칸트는 품위를 특정 사회 집단에 속한 이들에게 해당되는 형식적인 명령이라 보는 대신, 순수한 인간성과 연계된 개념이라 여겼다. 칸트의 말을 빌리면, 품위는 "타인의 운명에 동참하는 것"이라 할 수 있다.

이 책의 초입에 소개한 어느 독자가 짚었던 부분이 정확히 이 지점이다. 그가 품위를 "말랑말랑한 가치"라고 했던 이유가 여기에 있다. 품위는 타인과 더불어 사는 데 완충재와 윤활제 역할을 하기 때문이다. 그런데 토메가 지적하듯, 오늘날의 사회는 두 가지 측면을 가지고 있다. 한편에서는 "사회 질서 유지를 위해 반드시 지켜야만 하는 도덕적 규범"이 광범위하게 퍼져 있다. 다른 한편에서는 수많은 개인들이 사회 공동체를 오직 사적 이익을 극대화하는 공간으로 활용하면서, 질서와 규범에는 무관심한 채 자유를 위한 고유의 행동반경을 방어하고 있다. 그리하여 현대 사회는 결속과 분열이 동시에 이루어지는데, 그 한가운데에 이른바 '중간 세계'가 있다. "이 중간 세계에서 개인은 타인과 서로 조율하고 화합하며, 서로를 받아들이면서(사적 영역을 존중하며) 나란히 성장해 간다." 우리가 지금 이야기하고 있는, 품위가 존재해야 할 곳은 바로 이 영역이다.

그렇다면 이제 우리는 '이탈'이 아닌 '동참'에 대해 이야기해야 한다. 그럼 자연스럽게 인간의 공존 및 공생에 토대가 되는 요소들로 넘어가게 된다. 에티켓의 아버지인 크니게는 여기에 도움이 될 만한 무언가를 언급하지 않았을까? 또한 에리히 케스트너와 한스 팔라다 같은 소설가들이라면 작품 속에 무언가를 담지 않을까? 무엇보다 한스 팔라다는 전범자들이 권력을 막 장악하던 1930년대에 인간의 공존에 필요한 필수 요소들을 글로 풀어내지 않았을까? 타인과의 관계에서 무엇을 해야하고 또 무엇을 하지 말아야 하는지에 관한 기초 지식을 다루지 않았을까? 인간으로서 한 개인이 갖추어야 하는 염치를 이야기하지 않았을까?

팔라다는 우리의 기대를 저버리지 않았다. 그는 소설《소시민, 이제 어쩌지?》에서 바이마르 공화국 시기에 판매원으로 살아가는 요하네스 핀네베르크와 그의 아내 엠마의 삶을 그렸다. 당시 경제 위기와 정치적 급진주의로 몸살을 앓고 있던 바이마르 공화국은 나치 시대로 넘어가면서 결국 끝을 맺는다. 사회적 혼란 속에서 핀네베르크는 해고라는 불행까지 겪지만 그럼에도 그는 비극적 운명에 맞서고자 고군분투한다. 핀네베르크와 엠마는 일상의 작은 행복을 통해 안정적인 삶을 꾸리고자 한다. 그들은 서로 간의 사랑과 인간으로서의 품위가 행복과 안정을 가져다줄 거라 믿는다. 팔라다는 엠마가 사랑·행복·

품위 같은 "몇몇 단순한 개념들"을 떠올리는 장면에서 다음과 같은 말로 시대를 꼬집는다.

대부분의 인간은 '그게' 뭔지도 모르면서 그저 못된 상태로 살아가지. 그리고 그들은 앞으로도 그렇게 나쁜 인간으로 살아갈 거야. 아무도 판단하지 않기 때문에 사람들은 스스로 무엇을 해야 하는지 몰라. 위대한 인간들은 무엇을 해야 하는지 늘 생각하지만 소시민들은 그걸 느끼지 못하지. 소시민들의 내면에도 그런 것들이 존재하지만, 그들은 굳이 그걸 생각해내지 않아.

한편 팔라다의 또 다른 소설 《누구나 홀로 죽는다》에는 나치 독일에 저항하려는 주인공 오토 크방엘과 그의 아내 안나가 등장한다. 전쟁에서 아들을 잃은 노부부는 나치에 맞서기 위해 반나치 메시지가 적힌 엽서를 여러 사람들에게 전한다. 그 과정에서 알게 된 음악가 라이하르트는 거대 권력에 대항하려는 두 사람의 행위가 충분히 가치 있다며 "그래야 죽을 때까지 우리 스스로 품위 있는 인간이라 자부할 수 있을 테니까"라는 말로 주인공을 지지한다.

이 같은 말을 통해 팔라다는 자신의 시대에 절실했던 품위라는 가치를 마치 자기 고백처럼 노래했다. 또한 그는 1932년에 다음과 같은 문장을 남겼다.

우리에게 필요한 것은 무엇이며 우리는 무엇을 위해 살아야
하는가. 이는 모든 당과 이념이 넘어야 할 과제이며, '품위를
갖추려는' 사람들과 인간다운 사고를 하는 사람들의 선두에
놓여야 할 질문이다.

에리히 케스트너를 신봉한 작가 중 하나였던 팔라다는 케
스트너의 《파비안》을 재구성하여 일종의 '품위 선언문'을 작성
하기도 했다. "너희가 원하는 대로 하라." 1931년에 작성된 품
위 선언문은 이렇게 시작한다.

우리는 품위를 포기하지 않을 것이다. 너희가 원하는 대로 하
라. 우리는 검디검은 너희들을 그저 백만장자나 악당이라 칭
할 것이다. 너희는 사냥에 성공했다. 우리는 그것을 그저 작업
과 실패라 부를 것이다. 너희는 그 추악함을 우리 안으로 끌어
들일 수도 있다. 하지만 우리는 홀로 죽을 것이다. 오롯이 혼
자, 너희들 없이. 아이 하나를 구하더라도, 너희들 없이. 우리
파비안 케스트너들은 저항할 것이다. 오늘도, 내일도, 그리고
영원히. 이는 오래된 멜로디이며, 시작과 끝은 선율의 한가운
데와 같다. 이것은 인간 케스트너의 기본 화음이다. 바르게 살

아라. 타락에 빠지지 마라. 품위를 유지하라.

품위를 인간의 실존과 결부하여 이해하면 이처럼 절박한 문장이 나온다. 우리 대부분은 경험하지 못한, 바라건대 결코 경험하고 싶지 않은 시대적 상황이 이러한 호소문을 만들어냈다.

동시대를 살았던 케스트너 또한 시를 통해 팔라다와 같은 절실함을 드러냈다. 다음은 1929년에 발표한 〈자살에 대한 경고〉 중 일부이다.

자네의 꿈은
인류를 개선하는 것 아니었나?
아침이면 자네는 그 꿈을 비웃게 되겠지.
그러나 인간은 더 나아질 수 있어.
그래, 악하고 우매한 자들이
수두룩하고 그들은 강하지.
그렇다고 나약하게 당할 수만은 없어.
어떻게든 살아남아, 그자들을 분노하게 만들어야지!

이는 케스트너의 신조였다. 비록 견디기 힘들더라도 스스로를 쏘지 않으려는, 나쁜 길로 들어서지 않으려는, 도망치지 않으려는 신조였던 것이다! 그렇게 그는 위험을 무릅쓰고 품위를 지키고자 했다. 팔라다도 그랬고 케스트너 역시 인간은 선하지 않다고 말했다. 하지만 개선시킬 수 있다고, "더 나아질 수 있다"고 보았다.

케스트너의 소설 주인공인 파비안은 이렇게 읊조린다. "나는 품위가 승리하기를 기다린다. 그때가 되면 나는 내 뜻대로 살 수 있겠지. 그러나 나의 기대는 마치 불신자가 기적을 기다리는 것과 같다." 파비안은 바람을 이루지 못한 채, 자신의 원칙에 따라 살다가 죽었다. 그럼에도 그는 품위가 승리를 거머쥐는 데 이바지했다. 안타깝게도 그가 세상을 떠난 지 한참 뒤에야 이루어졌지만.

여기서 질문을 하나 하고 싶다. 우리를 둘러싼 복잡한 정치 상황과 매일같이 혼란스럽게 돌아가는 일상 속에 무언가가 결핍되었다고 생각하지 않는가? 실제로 그 무언가는 꽤 오랫동안 우리 안에 없었다. 그런데 포퓰리스트와 극우 집단 같은 '반민주주의자'들이 등장하면서 우리 안에서 사라진 그 무언가가 새삼 떠오르게 되었다. 그중 하나는 '열정'이며, 다른 하나는 명확히 제시된 '비전'이다. 다시 말해 우리는 한 인간으로서 다른 이들과 '어떻게' 살아야 하며 '무엇을' 해야 하는지 잊고 있었던 것이다. 생각해보면 이들은 이미 오래전부터 우리 안에 존재하지 않았다.

우리는 스스로 잃어버린 것을 느끼지 못할 정도로 무덤덤해졌다. 예컨대 공동체·소속감·연대 의식 그리고 몰입과 열정 등이 지닌 의미도 모른 채 살아가고 있다. 오늘날 우리는 '이상'이 없는 상태로 삶을 지속하며, '시민'이 무엇인지도 모른 채 시민으로 살아간다. 지금 우리는 기술 발전에 열을 올리며 첨단을 향해 가고 있다. 동시에 원인 모를 불안과 지속적인 자기표현 또한 극에 달하고 있다. 우리는 내심 자신의 불안을 부인하지만, 사실 현대인들은 과도한 불안에 뒤덮여 있다. 침착하고 냉정해야 하는 상황에서 우리는 히스테리를 일으킨다. 그리고 주의를 기울여야 하는 상황에서는 너무도 산만하다.

∾

내가 친구에게 말했다.

"너무 과장된 거 아니야? 세상에 품위 있는 사람이 얼마나 많은데! 내가 아는 사람만 해도 셀 수 없이 많다고. 내 지인 중에 몇몇은 네가 그런 식으로 말하는 걸 불쾌해하더라. 페이스북을 보면 온라인 혐오에 반대하는 여러 시민 단체들이 다양한 활동을 벌이고 있어. 그 일환으로 가두 행진을 계획하기도 하지. 마치 그때처럼. 1992년을 생각해봐. 그해 뮌헨에선 40만 명이 넘는 시민이 촛불을 들고 나와서 외국인 혐오와 우파 급진주의에 반대하는 행진

을 벌였잖아! 그렇게나 많은 사람들이 자발적으로, 무언
가를 바꾸기 위해, 의미 있는 행동을 몸소 실천했다고."

"그래, 맞아. 나도 그 부분은 반박하고 싶지 않아. 하지만
그럼에도 뭔가 달라져야 한다고 외쳐야 하지 않을까? 안
그래? 말했듯이 지금 우리에게 무언가가 결핍되었다는
느낌이 들잖아. 현재 우리 사회가 나아가는 방향을 보면
확실히 뭔가 불안하고 불편하다고."

∽

이 불안감은 어디에서 온 것일까? 왜 하필 지금, 우리 사회
안에 이런 불안이 존재하는 것일까?

우리는 한동안 타인과 공존하는 방법을 고심하지 않았다.
이제는 때가 되지 않았나 싶다. 사회라는 공동체 안에 사는 우
리 인간들이 어떻게 더불어 지내야 하는지 깊이 고민하며 공론
화해야 할 시기가 온 것이다. 여기에는 타인과 대화할 때 지켜
야 할 어조와 성량 그리고 단어 선택까지도 포함된다. 즉 타인
을 대하는 모든 태도와 자세에 주의를 기울여야 하는 것이다.

인류 역사상 가장 거대한 하수구

❦

나는 친구에게 이야기를 하나 꺼냈다.

"어제는 가족들이랑 식당에서 밥을 먹었어. 시내에 있는 식당이었는데, 꽤 늦은 시간이었지. 우리 옆 테이블에는 한 여성이 어린 아이와 함께 앉아 있었어. 그 여자는 아무것도 주문하지 않았지. 분명 누군가를 기다리는 듯했어. 잠시 뒤에 한 남성이 나타나더군. 아마도 그녀의 남편이자 어린 아이의 아버지였겠지. 그는 자리에 앉았고, 두 사람은 그리 많은 대화를 나누지 않았어. 남자는 메뉴판을 꼼꼼히 살펴보고는 식사를 주문했지. 여자와 아이는 계속해서 그 남자를 바라보았어. 그는 먼저 스마트폰을 꺼냈고 그다음에는 태블릿을 꺼내 이리저리 들여다보면서 여기저기를 터치하더군. 그러고 나서 그는 두 기계를 자기 앞에 나란히 세워놓았어. 엄밀히 말하면 아내와 아이 앞이기도 했지. 이따금 가족들과 몇 마디를 주고받긴 했지만, 그는 대부분의 시간을 그 기계들을 바라보며 보냈어."

"그런 모습은 요즘 흔하잖아."

"물론 그렇지. 그래도 나는 그게 거슬려. 내가 지금 느끼는 안타까움이 바로 거기서부터 시작된 거야. 의사소통의 붕괴 그리고 예의의 상실. 무슨 말인지 알지? 그런 기계들이나 인터넷은 우리에게 상당한 유익을 가져다주었어. 덕분에 우리는 예전엔 불가능했던, 넓디넓은 정보와 지식의 세계로 들어갈 수 있게 되었지. 나 역시 인터넷의 도움으로 멀리 떨어져 있는 우리 아이들과 쉽게 연락하고 소통하게 되었고."

"그런데 뭔가 문제가 있다는 거지?"

"그 남자와 가족의 모습이 뭔가 굉장히 우울해 보였거든."

"어쩌면 그 사람은 외국에서 온 중요한 이메일이나 전화를 기다렸을 수도 있잖아. 안 그래? 아니면 갑갑한 회사 안에서 웅크리고 있기 싫어서 가족들과 함께 앉아라도 있으려고 잠깐 나왔을 수도 있지. 그나마 휴대전화랑 태블릿이 있으니 가족들과 함께하며 업무를 계속할 수 있는 것일 테고."

"하지만 한편으로 보면, 그건 가족들과 진짜 함께하는 게 아니지."

"그런 기계들이 없다고 해도 만나서 항상 대화를 하는 건 아니야. 서로 아무 말 없이 앉아서, 상대가 무슨 생각을 하는지도 모르는 부부들이 많아. 그저 나란히 식탁에 앉아 있을 뿐, 같은 공간에 있으면서도 별다른 대화 없이 시간을 보내기도 하지. 그런데 스마트폰이 있으면 둘 사이에 도움이 될 수도 있어. 인터넷에서 뭔가 이야깃거리를 발견할 수도 있으니까."

"그래, 그럴 수도 있겠지. 그렇지만 생각해봐. 아이를 데리고 산책 나온 엄마들이 언제나 스마트폰을 보고 있다면 어떨까? 아이는 계속 엄마와 눈을 마주치길 원하는데 말이야. 물론 요즘 같은 시대에 기계를 거부하거나 적대시해서는 안 된다고 생각해. 그런데 어딜 가나 다들 스마트폰만 보고 있어. 서로 대화는 하지 않고 그저 화면만 들여다보는 젊은 사람들이 얼마나 많은지 몰라. 거기에 완전히 사로잡혀서 가족들과 저녁을 먹으면서도 손에서 놓지 않아. 기껏해야 축구 경기 결과를 잠깐 확인하는 게 전부인데 말이야. 그럼 그 사람은 이미 그곳에 없는 거야. 다른 어딘가에 혼자 있는 거지."

"완전히 혼자는 아니지. 그 자리에 없는 다른 누군가와 소통을 하잖아."

"그럴지도 모르지. 하지만 종종 사람들을 보면 반쪽 정도만 현재 머무는 공간에 존재하는 것 같아. 나머지 반쪽은 전혀 다른 영역에 존재하는 거지. 이른바 소셜 미디어라는 기이한 영역 말이야. 소셜 미디어는 말 그대로 '사회적'인 면이 있어. 그런데 한편으론 극도로 '반사회적'이야. 소셜 미디어는 우리를 고립시키고 개별화시켜서 함께 있어도 고독하게 만들지. 지금 우리 사회는 모든 것이 복잡한 데다 온통 모순덩어리야. 이 시대를 사는 인간에게 가장 중요하고도 필수적인 능력은 이 모순과 복잡성을 받아들이고 견디는 거라 생각해."

내 친구는 이렇게 말하고는 웃으면서 나를 바라보았다.

"그렇지."

그때 막 내 휴대폰이 반짝거렸고, 나는 슬쩍 힐끔거리고는 휴대폰을 얼른 주머니 속에 집어넣었다.

∾

내가 어렸을 때, 삼촌은 공장에 다니고 있었다. 숙련된 기술자였던 삼촌은 어느 계산기 회사에서 기계 다루는 일을 했다. 우리가 삼촌을 찾아가거나 그가 우리 집을 방문할 때면 나는 삼촌이 회사와 상사들을 향해 욕하는 소리를 꽤나 자주 들었다. 당시 그 회사는 경제 불황에도 별 타격 없이 유지될 정도로 탄탄한 곳이었다. 어린아이였던 나는 삼촌이 대체 왜 그러는지 도무지 알 길이 없었다. 삼촌은 항상 '그들'을 욕했다. 그들이란 사장이나 공장장, 상관처럼 높은 위치에 있는 사람들이었다. 삼촌은 그 사람들이 아랫사람들의 업무를 정하고, 날마다 일에 끼어들어 방해하며, 중요한 일들을 마음대로 결정한다고 했다. 삼촌은 그것이 마음에 들지 않았던 것이다.

삼촌은 노동조합에 가입되어 있었는데, 그것이 삼촌에게 적잖은 의미를 부여했다. 가족들이 모이는 일요일이면 삼촌은 다른 어른들처럼 정장에 조끼를 갖춰 입고 나왔다. 삼촌의 정장 상의에는 '금속노조'라는 글자가 수놓아져 있었다. 삼촌은 이를 자랑스럽게 여기며 그 옷을 입었다. 삼촌은 자신의 일에 커다란 자부심을 가지고 있었다. 또한 노조의 일원이라는 사실은 다른 말로 하면 '힘없는 사람이 아니'라는 뜻이었다. 노동조합 사람들은 함께 모여 이야기를 나누었고 동맹 파업을 조직하기도 했다. 게다가 노조는 당시 여당이었던 사민당(독일 사회민주당.―옮긴이)에 기반을 두고 있었다. 그러므로 노조에 속한 사람은 비록 소시민이라 할지라도 힘이 있었다. 노조원들은 거대한 조직에 속해 있었으므로 결코 혼자가 아니었다. 그리고 이 조직은 노조원들에게 확실한 자부심을 선사했으며, 작고 힘없는 소시민들이 세상에서 존중받을 수 있는 토대가 되었다.

그 삼촌은 오래전에 돌아가셨다. 삼촌이 일했던 회사는 이제 더 이상 운영되지 않는다. 계산기를 쓰는 사람이 거의 없기 때문이다. 이제는 타자기를 대량으로 생산하지 않는 것처럼 말이다.

1970년대 초, 내가 기자 업무를 막 배우기 시작했을 때 처음으로 구입한 물건은 기계식 타자기였다. 이후 1980년대에 접어들면서 신문사 편집부에는 다양한 전자 기기들이 속속 들어왔다. 당시에는 식자공이라는 직업이 있었다. 그들은 항상 대형 기계 앞에 앉아 우리가 쓴 기사가 인쇄될 수 있도록 납 활자를 일일이 주조하고 조판했다. 또 어떤 이들은 (정확한 직업 이름은 잊어버렸지만) 편집부에 도착한 사진을 금속판에 올려놓고 화학 약품으로 작업해 인쇄 가능한 상태로 만들었다. 또한 작업을 마친 납 활자와 사진판을 커다랗고 무거운 금속판 위에 배치하는 사람들도 있었다. 그리고 속기사도 있었다. 기자들이 외부에 있을 때 그들은 전화기 앞에 앉아 우리가 불러주는 내용을 즉시 받아 적었다. 여기에 더해 텔레타이프라이터(전신 타자기. 두 대의 타이프라이터 중 한쪽을 누르면 다른 쪽에 글자를 찍을 수 있는 장치.-옮긴이) 앞에 앉아 다른 곳에서 온 기사를 수신하는 여성들도 있었다. 텔레타이프라고도 불렸던 전신 인자기는 전기 부호로 들어온 통신문을 문자·숫자·기호로 바꾸어 인쇄하는 기기였다. 이런 직업들은 정말이지 아주 오래되었다. 사민당 정치인 중에는 숙련된 식자공 출신이 제법 많았다. (물론 지금도 몇몇 남아 있다.) 파울 뢰베(바이마르 공화국 의회 초대 의장.-옮긴이)와 필리프 샤이데만(바이마르 공화국 초대 총리.-옮긴이)은 1차 세계 대전 이전까지 식자공으로 일했으며, 비외른 엥홀름(전 사민당 대표. 1993년, 불법 정치 자금 관련 위증으로 정계에서 은퇴했다.-옮긴이)과 루돌프 드레슬러(전 이스라엘 주재 독일 대사.-옮긴이)는 그 이후 세대다.

위에서 소개한 모든 직업은 더 이상 존재하지 않는다. 디지털화로 인해 이 직업들은 설 자리를 잃었다. 그리고 이들의 자리는 컴퓨터로 대체되었다. 우리 인류는 거대한 기술 혁명을 경험했고, 이 혁명은 우리의 삶을 완전히 바꾸었다. 또한 혁명과 변화는 여전히 진행 중이다. 이 기술 혁명은 인류가 한 번도 경험하지 못한, 상상할 수도 없는 속도로 진행되고 있으며 점차 가속도가 붙고 있다. 20세기 초에 식자공이었던 사람은 이 직업으로 평생을 보낼 거라 확신했을 것이다. 오늘날 과연 어떤 직업이 끝까지 살아남을 수 있을까? 아마 장담할 수 있는 직업은 거의 없을 것이다.

지금 우리는 불확실성이 지속되는 시대를 살고 있다. 그리고 우리가 맺는 모든 관계 역시 불확실성으로 가득하다. 현대인들은 한 가지 직업만으로 평생을 살 수 없으며, 인생에서 수차례 직업을 바꾸고 자리를 옮기고 다른 환경에 적응해야 한다는 것을 염두에 두어야 한다. 오늘날 일을 한다는 것은 끊임없이 배운다는 뜻이기도 하다. 현대 사회에서 개인의 삶은 꾸준한 변화를 전제로 하기 때문에 우리는 한 치 앞도 예측할 수가 없다. 10년 뒤에도 직접 자동차를 운전하게 될지, 그 자동차는 어떤 모습일지조차 알 수 없다. 요즘에는 연인이나 배우자도 인터넷에서 만나는 경우가 많다. 상당수의 국가들은 현금 없는 사회를 눈앞에 두고 있다. 공장에서는 사람보다 더 많은 수의 로봇이 업무를 맡고 있다. 이 모든 것들이 아직도 현재 진행형이다.

그럼 이런 질문이 떠오르게 마련이다. 머지않아 수십만에 달하는 장거리 화물차 기사들이 더 이상 필요 없는 시대가 오는 건 아닐까? 컴퓨터가 화물차를 자동으로 운전하는 시대가 열려 도로 위에 온통 자율 주행 화물차들이 열을 맞춰 달린다면 화물차 기사들은 모두 어떻게 되는 것일까?

어쩌면 여태까지 우리가 경험한 것은 단지 시작에 불과할지도 모른다. 지금까지의 세계화는 생산 과정의 변화였다. 이전에 우리가 생산하던 제품들이 갑자기 다른 나라에서 더욱 저렴하게 생산되어 우리에게 운송된 것처럼 말이다. 조만간에는 케이블 기술에 기반을 둔 인터넷 덕분에 지금은 미처 상상할 수도 없는 방대한 양의 정보가 전 세계로 전달될 것이다. 다시 말해 앞으로의 세계화는 생산 과정에 관여하는 이들에게만 영향을 미치는 것이 아니라, 변호사나 의사 같은 전문 서비스 업종에까지 갑작스레 엄청난 영향을 미칠 수 있다. 그렇다면 자신이 하는 일을 통해 자부심을 느끼는 우리 인간은 어떻게 될까? 무엇을 통해 우리는 존중받을 수 있을까? 만약 나의 삼촌이 지금 이 시대를 살았다면 무슨 일을 했을까?

우리가 우려하는 많은 일들이 아직 발생하지 않은 이유는 우리의 결정과 무관하다. 그것들은 마치 자연 현상처럼 진척되는데 그럼에도 그 뒤에는 익명의 얼굴 없는 추진체가 있다. 아마존, 구글 그리고 페이스북 같은 기업이 대표적이다. 변화의 바람은 갑작스럽게 들이닥쳤으며 계속해서 우리에게 밀려들고 있다. 그리고 한동안 우리를 엄습할 것이다. 이러한 변화 속에서 우리 인간은 무기력하게 방관하면서도, 할 수 있는 한 견디고 동참하기 위해 시도를 멈추지 않는다.

혁명으로 야기된 급격한 변화를 어마어마한 기회라 여길 수도 있다. 실제로 많은 사람들이 그렇게 생각하며 기회를 충분히 누리고 있다. 분명 새롭고 무수한 가능성이 존재한다. 기존의 낡은 울타리와 벽 그리고 경계들이 무너졌기 때문이다.

언뜻 보면 지금 우리는 변화·개방·불확실성을 높이 평가하는 이들을 위한 시대를 살고 있는 것 같다. 하지만 인간에게는 자유와 발산을 향한 갈망뿐 아니라 신뢰와 확신 그리고 안정에 대한 기본 욕구도 있다. 이와 더불어, 계획 가능한 삶과 통제 가능한 생활 환경은 인간이 기본적으로 동경하는 필수 요건이기도 하다. 이런 바람을 유독 드러내는 사람을 깔보아서는 안 된다. 그 반대도 마찬가지다. 급속한 변화의 흐름에 따라가는 사람을 멸시할 이유는 없다. 타인이 소중히 여기는 가치를 업신여기는 태도는 천박하다. 또한 과거 나의 삼촌과는 달리 더 이상 노동조합에 가입할 필요가 없다고 생각하는 이들을 이상하게 여겨서도 안 된다. 대신 오늘날 그들에게 노조가 필요 없게 된 이유가 무엇인지, 그들이 어떻게 노조 없이 스스로를 지탱하며 세상으로부터 보호와 존중을 받는지 심도 있게 헤아려야 한다.

※

친구가 나에게 물었다.

"지금 작업하고 있는 책은 왜 쓰는 거야? 뭔가를 설명하고 싶은 거야? 그럼 누구에게 설명하고 싶은 건데?"

"내 안에 있던 질문에 답을 찾고 싶었어. 나 자신에게 뭔가를 분명히 설명하고 싶었던 거지."

"그게 뭔데?"

"오늘날 우리가 서로를 대하는 태도와 방식이 점차 통제를 벗어나는 이유는 무엇인지, 왜 다들 이렇게 증오에 차서 서로를 적대시하는 건지, 확실해 보였던 많은 것들이 단번에 이처럼 불확실해진 이유는 무엇인지, 이런 궁금증을 보다 명쾌하게 해소하고 싶어서. 마침 유발 하라리의 《사피엔스》를 읽고 있어. 예루살렘 히브리 대학교의 역사학 교수인 하라리는 우리의 본성과 심리를 이해하려면 수십만 년 전 사냥과 채집을 하던 인류의 조상을 먼저 파악해야 한다고 이야기하더군. 그때의 특성이 오늘날까지 새겨져 있다는 거지. 오랜 기간 채집과 사냥을 하던 인류는 지금으로부터 약 1만 년 전부터 농부와 목동으로 살게 되었어. 그런 인류가 노동자와 회사원이 된 것은 불과 2세기에 지나지 않는다고 해. 인류의 기나긴 역사에 비하면 눈 깜짝할 사이인 거지. 그 길고 긴 시간 동안 자리 잡은 본능과 무의식을 가지고 우리가 지금까지 살고 있다는 거야."

"그러니까 우리는 여전히 석기 시대 사람이라는 거네?"

"적어도 우리의 두뇌는 그렇게 프로그래밍되었고 지금 우리에게 닥친 문제들은 내재된 프로그래밍과 현실의 충돌에서 비롯된 거야. 대도시·비행기·전화기·컴퓨터처럼 낯선 상황과 대상에 소외되는 이유가 여기에 있어. 약

3만 년 전, 야생에서 먹을 걸 찾아 헤매던 우리 조상은 잘 익은 무화과가 가득 달린 나무를 보면 급하게 잔뜩 먹어야 했어. 개코원숭이 무리가 모퉁이를 돌며 나타나 공격하고 먹을 것을 빼앗기 전에 배를 채워야 했으니까. 우리가 아직 개코원숭이를 두려워하는 까닭도 그때와 동일할 수 있어. 모든 걸 앗아갈까봐 겁이 나는 거지."

"개코원숭이가 무화과를 다 먹어 치울까 봐?"

"그렇다고 할 수 있지. 그 녀석들이 언제 무엇을 가져갈지는 모르지만."

"하지만 지금 우리는 식량 문제에 대해 이야기하는 게 아니잖아."

"응, 아니지. 그건 하나의 예일 뿐이야. 오랜 시간에 걸쳐 우리에게 새겨진 여러 특징 중 하나이지. 원시인들이 작은 집단을 이룰 때 드러나는 사회적 본능을 들여다보면 우리와 크게 다르지 않다는 걸 알 수 있어. 하나의 집단에 150명이 넘으면 긴밀한 관계를 맺기 어려운 데다 조직을 관리하고 유지하기도 힘들다고 해. 말하자면 150명은 조직을 감당할 수 있는 한계치인 거지. 이 마법 같은 숫자는 과거에도 유효했고 오늘날 우리에게도 해당돼. 이 숫자를 넘어서면 법과 계급 그리고 직함이 필요해져."

"내가 볼 때, 인간은 언제나 이처럼 작은 규모의 집단을 형성하려 하는 것 같아. 그 안에서 정체성을 발견하고 안정을 확보하는 거지. 그러면서 다른 이들은 들이지 않는 거야."

"그래, 확실히 그런 것 같아. 동시에 우리는 그 안에서 굉장히 굳건한 사회적 관계를 맺으려 하지. 한 인간이 세상에 태어나면 완전히 속수무책인 상태에 처해 있어. 다른 동물 종들 가운데 이런 경우는 거의 없지. 다른 동물에 비해 우리는 발달이 덜 된 상태로 태어나니까. 말하자면 일종의 조산이지. 이 갓난아이가 자라려면 다른 인간들의 도움이 필요해. 혼자서는 성장할 수가 없어. 아이에게 필요한 양분을 제공하고 아이를 보호하는 데 어머니 하나만으로는 충분하지 않아. 그래서 인간은 진화를 통해 타인과 결속하는 능력이 특히 잘 발달된 거야."

"하라리가 그렇게 말해?"

"응, 맞아. 여기에 덧붙여, 평균적으로 요즘 사람들은 몇 달이 넘도록 낯선 외부인은 거의 만나지 않는다고 하더군. 자기가 잘 아는, 자신의 집단에 소속된 사람들만 주로 만난다는 거지. 그래서 한 개인이 평생 동안 만나는 사람은 몇백 명에 불과하다고 해. 낯선 사람은 잠재적으로 위험 요소라고 느끼는 거야."

"그러면 외국인 혐오도 유전적 요인 때문이라고 볼 수 있을까?"

"아마 그럴지도 모르지. 물론 부연 설명이 좀 더 필요하겠지만 말이야. 하지만 인간은 오직 유전자에 따라 사는 존재는 아니니까. 그리고 오늘날 우리는 여러 다양한 정보에 둘러싸여 있어. 그 정보들을 통해 본능적인 충동을 조절하기도 하지. 이건 내가 지금 다루는 주제와도 깊이 연관되어 있고."

"그런데 다양한 정보란 구체적으로 뭘 말하는 거야?"

"이를테면 신문이나 텔레비전 그리고 인터넷에서 얻는 정보들. 우리에게는 이성적 판단력이 있는 데다 품위라는 것도 있으니까. 우리는 그 수많은 정보를 걸러내고 또 받아들이며 자기 통제를 할 수 있지. 내가 아는 한, 우리 인간에겐 그런 능력이 충분히 있어."

≋

2017년 2월 13일, 나는 드레스덴에 있었다. 당시 시내에서는 '드레스덴 폭격' 72주년을 기념하는 행사가 열리고 있었다. 2차 세계 대전 중 연합군은 드레스덴 도심 한복판에 대규모 폭격을 가했고 그로 인해 이 도시는 며칠 만에 완전히 폐허가 되었다. 이 일을 기억하기 위해 수천 명의 시민들이 모여 인간 사슬을 만들었다. 그로부터 일주일 전에는 마나프 할부니의 〈모뉴먼트Monument〉라는 설치 미술품이 세워졌다. 그는 독일계 시리아인으로 어머니는 드레스덴, 아버지는 시리아 출신이다. 두 달 동안 전시된 그의 작품은 드레스덴 성모교회 앞 광장에 우뚝 서 있었다. 수명을 다한 세 대의 대형 버스를 수직으로 나란히 세운 이 작품은 2015년 시리아 내전을 연상시켰다. 내전 당시 시리아의 알레포에는 정부군의 총격으로부터 민간인을 보호하기 위해 낡아빠진 세 대의 시내버스가 일렬로 서 있었다. 할부니의 설치 미술품은 시리아에도 세워졌고, 이 장면은 전 세계로 퍼져 재앙 속 인도주의의 상징이 되었다.

할부니는 이 작품을 통해 평화를 상기시키고자 했다. "우리 드레스덴 사람들이 살아 있는 것처럼, 그들도 재건되고 계속 살아가기를" 소망한 것이다. 한편 드레스덴의 시장인 디르크 힐베르트는 작품 설치를 허락했다는 이유로 일부 극우 단체들로부터 야유와 협박을 받아야 했다. 할부니의 작품은 드레스덴에 사는 시민들에게 평화, 그리고 동시에 불화의 기억으로 남았다.

드레스덴을 방문하고 며칠이 지난 뒤, 나는 할부니의 페이스북에 들어가 댓글들을 찬찬히 들여다보았다. 댓글 중에는 동시대를 사는 공동체의 일원이자 한 예술가인 그를 향해 모욕과 비난을 퍼붓는 글들이 상당했다. 그 가운데 일부는 다음과 같다. (가능하면 그대로 옮기고 싶었지만, 차마 입에 올리기 힘든 표현이 적지 않아 내용의 일부를 순화한 댓글도 있다.)

└ 별 하찮은 병신 같은 놈이 대단한 일 하셨네. 저런 건 작품도 아니야. 어디 쓰레기만도 못한 걸 가져다 놨어.

└ 한심한 새끼.

└ 테러리스트 조력자.

└ 잡종.

└ 뇌에 문제가 있는 거 아냐?

└ 민족 반역자.

└ 보잘것없는 놈.

└ 침이라도 뱉고 싶은데, 대신 딱 한마디만 할게. #역이민 remigration 추천.

└ 너처럼 거들먹거리는 놈들 때문에 내가 화를 참을 수가 없어. 재수 없는 자식.

└ 무슬림이지? 꺼져.

└ 교활한 아부꾼.

└ 말 같지도 않은 걸 작품이라고.

└ 자칭 예술가 양반, 저 쓰레기 좀 치우시지. 드레스덴 좀 깨끗하게 놔둬.

└ 저 폐기물 들고 얼른 꺼져.

└ 어쭙잖은 광대 같으니.

ㄴ 미친놈.

ㄴ 머리에 똥만 들었겠지.

ㄴ 욕 나온다.

ㄴ 닭대가리야.

ㄴ 여기는 독일이야, 얼간이들의 집합소가 아니고.

ㄴ 아주 감동스러워서 눈물이 다 난다.

ㄴ 나가 죽어!

ㄴ 극우 머저리 새끼.

ㄴ 파시스트 병신.

ㄴ 등신 같은 우파.

ㄴ 갈색 광대.

ㄴ 뇌 없는 얼간이.

ㄴ 완전 모자란 놈.

ㄴ 좌파 새끼.

ㄴ 분명 소아성애자일 거야.

ㄴ 박애주의자 나섰네.

ㄴ 감히 우리나라에서 저런 걸 허락하다니. 국민들한테 물어
　보지도 않고. 정말 파렴치함의 극치다.

이 외에도 수많은 댓글이 달려 있었다. 하지만 더는 읽을
수가 없었다. 한 시간 정도 보다가, 나는 도저히 견디기 힘들어

페이스북을 그냥 닫아버렸다. 짧거나 긴 글을 통해 사람들이 그곳에 남긴 것은 관심 있는 누군가를 향한 견해라 볼 수 없었고, 의견 교환이나 교류라고도 할 수 없었다. 그 댓글들은 그저 순전한 분노였다. 이 분노는 누구를 향한 것일까? 무엇 때문에 그들은 이토록 진지하고도 격렬하게 분노를 터트리는 것일까?

그럼 다른 측면에서 질문을 던져보자. 이러한 집단적 분노는 누구를 놀라게 했을까? 이 분노를 심각하게 받아들이고 염려하는 이들은 누구일까? 이런 집단 분노를 걱정하는 사람들이 있기는 할까?

우리는 꽤 오래전부터 이런 일에 익숙해졌다. 드레스덴뿐 아니라 독일의 거의 모든 도시에서 이처럼 여러 조각으로 분열될 조짐이 보인다. 겉으로는 양극단으로 보이지만, 두 조각을 넘어 세 조각으로도 갈라질 수 있다. 단지 세 번째 조각이 침묵하고 있을 뿐이다. 입을 다문 이유는 당황한 나머지 무엇을 어찌해야 할지 모르기 때문이다.

∽

친구가 입을 열었다.

"걱정하는 사람들도 많아. 정말이야. 그런 사람들이 얼마나 많은데. 그저 무엇을 해야 하는지 모를 뿐이지."

"그건 맞아. 다들 화가 난 채로, 그냥 무기력하게 관망하는 거지. 확실히 그런 것 같아."

～

　몇 해 전부터 나는 페이스북 계정을 만들어 독자들과 자유롭게 소통할 창구를 마련했다. 페이스북을 통해 새로운 책의 영감을 얻기도 하고, 낭독회나 강연 일정을 알리기도 하고, 내가 최근에 쓴 칼럼을 올리기도 했다. 또한 그곳에서는 독자들의 글을 읽을 수도 있었다. 모든 것이 좋았으며 대체로 유익했다.

　내가 쓴 글 밑에 이따금 댓글을 남기는 사람들이 있다. 한번은 익숙한 이름의 한 남성이 자신의 의견을 달았다. 나는 이름이 하도 친숙해서 개인적으로 아는 사람인 줄 알았다. 하지만 알고 보니 역사책에서 본 이름이었다. 역사 속의 그 인물은 8세기를 호령했던 유명 정치인이자 지휘관으로 아랍 세계와의 전쟁에서 크게 승리한 후 이름을 날렸고, 훗날 서양 기독교 사회의 구원자로 불리기도 했다.

　아무튼 나는 그 남성과 한 칼럼을 두고 논쟁을 벌였다. 그는 나의 칼럼을 지적했고, 나는 한동안 반론을 펼치다 이내 대답하기를 포기했다. 이유는 간단했다. 나는 원래 가명 뒤에 숨은 사람들과의 토론을 즐기지 않기 때문이다. 예전에도 그랬고 지금도 그렇다. 다른 이들을 비판하고 공격하면서, 한 나라에서 벌어지는 정치적 논쟁에 참여하면서 아무런 이유 없이 자신의 이름과 얼굴을 감추는 사람들의 심리를 나는 이해하기 어렵다. (얼굴과 이름을 감춘 익명성의 보호 속에서 부르카 착용 금지를 요구하는 이들의 태도는 더더욱 불합리하다. 물론 이건 조금 다른 이야기이긴 하지만.)

가공의 이름 뒤에 숨게 되면 평소에는 결코 하지 않을 일들을 공공연하게 행하게 된다. 다른 사람을 모욕하고 헐뜯으며 존중하지 않는 경우가 비일비재하다. (지금 내가 하는 이야기는 일반적인 경우로 위에서 거론한 페이스북 논쟁과는 무관하다. 그 사람은 그렇게 무례하지도 비이성적이지도 않았다.) 한때 온라인 공간은 익명과 가공의 인물로 가득했지만, 시간이 지나면서 실명을 걸고 논쟁에 참여하는 이들도 무척 많아졌다. 하지만 그렇다고 해서 상황이 더 나아진 것은 아니다. 엄밀히 말하면 그 반대다. 우리는 오랫동안 모욕과 비방, 위협과 괄시를 참고 견디며 받아들였다. 이를테면 그런 일들에 너무 익숙해져서 '습관화'된 것이다. 이제 우리는 그런 모든 것들을 '보통의', '정상적인'(실제로 정말 그렇다) 일로 여기며 가면을 벗은 채 타인을 비난하고 모욕하며 위협하는 상황조차 언제부터인가 아무렇지 않게 받아들이게 되었다.

개인적으로 나는 페이스북의 설립자 겸 대주주인 마크 저커버그가 비전을 제시하는 선구자이며 인도주의자로 칭송받는 현실이 쉽게 이해되지 않는다. 현재 그의 회사는 인류 공생의 토대가 차츰 허물어지는 것을 그저 바라만 보며 뻔뻔하게 이를 이용하고 있다. 다국적 기업인 페이스북은 이익을 극대화하고 세금을 줄이는 데 정통하다. 또한 광고를 통해 엄청난 수입을 거둬들이며 해가 갈수록 더 많은 부를 축적하고 있는데, 그렇게 벌어들인 수익으로 과거 (페이스북을 향해) 비판적이고 중립적이었던 언론에 재정 지원을 할 수 있게 되었다.

몇 해 전부터 페이스북은 생방송으로 중계할 수 있는 '페이스북 라이브' 서비스를 제공하기 시작했다. 그런데 이 서비스로 인해 다양한 사건·사고가 벌어졌다. 예를 들어 한 번은 미국 시카고에 사는 네 명의 젊은 남성이 정신 질환 장애인 한 명을 학대하는 장면을 생중계로 내보냈다. 스웨덴 웁살라에서는 세 명의 남성이 여성 한 명을 집단 성폭행하는 장면을 생중계했는데, 이 영상은 특정 페이스북 그룹에서만 중계되었다. 또한 미국 클리블랜드의 한 남성은 자신이 거리에서 살인을 저지르는 장면을 페이스북에 게시하기도 했다. 이 외에도 동물 학대와 테러 선전 그리고 반유대주의 선동 등 내가 미처 알지 못하는 무수한 일들이 그곳에서 벌어지고 있다.

다른 예를 하나 더 들어보자. 아마 대부분의 독일인들은 시리아 난민 아나스 모다마니와 독일 총리 메르켈이 2015년에 함께 찍은 셀카를 기억할 것이다. 모다마니는 그해 독일에 입

국한 수많은 시리아 난민 중 하나였다. 메르켈 총리가 베를린의 난민 보호소를 방문했을 때 두 사람은 같이 포즈를 취하며 사진을 찍었다. 그런데 이 사진은 우파 급진주의 선동가들에게 수차례 악용되었다. 그들은 사진을 조작해 모다마니가 테러리스트이며, 안스바흐와 베를린 그리고 벨기에 브뤼셀에서 발생한 테러의 주도자라고 주장했다. 급진주의자들은 모다마니가 다른 난민들과 함께 노숙인에게 불을 붙이려 했다고 주장하기도 했다. 그 무렵 베를린에서는 몇몇 청년이 한 노숙인의 몸에 불을 붙이려다 여론의 뭇매를 맞는 사건이 있었다. 극우 선동가들은 모다마니가 그 일당 중 하나라고 강조한 것이다. 물론 모두 날조된 거짓말이었다. 그럼에도 합성 사진은 계속해서 페이스북에 올라왔다. 합성 사진을 비롯하여 협박과 혐오 발언에 시달린 모다마니는 결국 뷔르츠부르크 지방 법원에 소송을 제기했다. 그는 페이스북을 상대로 법정 대결을 벌였으나 끝내 패소하고 말았다. 모다마니 측은 "페이스북은 조작된 사진과 관련 게시물을 걸러내고 삭제할 의무가 있다"고 주장했으나, 뷔르츠부르크 법원은 "페이스북은 신고 받은 게시물 이외의 것들까지 찾아내고 삭제할 의무는 없다"고 판결했다. 이후 모다마니는 항소를 포기했다. 이유가 뭘까? 전부터 그의 변호사는 더 이상의 재판 과정에 관여하지 않겠다고 언급한 바 있다. 그 이유는 자신뿐 아니라 가족들까지 지속적으로 협박을 받았기 때문이다. 모다마니 또한 시간과 에너지를 너무 많이 빼앗긴 데다 경제적 어려움에 시달리고 있었기에 더 이상의 법적 대응을 하지 않기로 했다. (그는 다음 재판 결과가 긍정적일 것이라는 전망이 있음에도 마다했다.) 그러면서 그는 이렇게 말했다. "이제 독일어 시험에만 전념하고 싶어요. 그리고 재판을 더 진행하면 시리아와 독일에 있는 가족들이 위험해질 것 같아요."

나는 법률가가 아니다. 그래서 법원에서 내린 판결을 법률적인 관점으로 판단할 수 없다. 또한 나는 기술자가 아니다. 그래서 페이스북이라는 회사가 해당 사진들을 정말 찾아낼 수 없는지, 찾아내서 삭제할 기술을 보유하고 있지 않은지 알 수 없다. 페이스북 측 변호사는 회사에 그런 기술이 없어서 불가능하다고 말했다. 하지만 세상에는 그와 관련된 기술을 가진 이들이 매우 많다. 가령 어떤 회사는 외설적인 내용이 담긴 사진을 사전에 식별하여 업로드 자체를 차단하는 알고리즘을 개발하기도 했다. 바로 이 알고리즘을 아나스 모다마니의 합성 사진에 적용하기만 하면 손쉽게 걸러낼 수도 있을 것이다.

솔직히 말하면 이처럼 쓸데없는 일에 우리의 생각과 에너지를 낭비할 필요는 없다. 페이스북을 통해 전 세계에서 쏟아지는 이런 쓰레기 같은 게시물들은 머지않아 사라질 것이다. 아니, 사라져야만 한다. 또한 이 오물들은 온라인 공간에 퍼트려 놓은 자들이 제 손으로 직접 깨끗이 치워야 한다. 그것이 당연한 이치다.

페이스북에는 원칙이 하나 있는데, 게시물에 '좋아요'와 댓글이 많이 붙을수록 더욱 널리 퍼진다는 것이다. 많은 사람들이 좋아하는 글은 점점 더 넓은 범위로 확산되어 계속해서 더 많은 이들이 좋아하게 되고 끊임없이 유포된다. 《프랑크푸르터 알게마이네 차이퉁》의 한 사설에는 '페이스북 원칙'을 보여주는 사진 한 장이 소개되었다. 사진에는 도심 한가운데 세워진 광고용 기둥 위에 게시물이 덕지덕지 붙은 모습이 담겨있었다. 그리고 그 아래에는 다음과 같은 해설이 달렸다.

광고 기둥처럼 페이스북을 시내 한복판에 세운다면 모든 사람들은 자신의 소식을 마치 전단지 붙이듯 각자의 기둥 위에 붙여야 할 것이다. 그러면 페이스북은 유독 노골적이고 눈에 띄는 소식이 붙을 때마다 여러 장으로 복사해서 유포한다. 게시글이 자극적일수록 더 많은 사람들이 그 기둥 앞에 설 것이고, 기둥이 늘어날수록 보다 많은 사람들이 시내로 몰려들 것이다.

말했듯이 나는 법률가도 아니고 소프트웨어 기술자도 아니다. 하지만 나는, '의식 있는' 시민이라면 최소한 이런 질문들을 던져야 한다고 생각한다. 페이스북이라는 기업은 자신의 사이트에서 사람들이 그런 식으로 다뤄지는 것을 왜 보고만 있는 것일까? 적어도 크게 놀라거나 괴로워해야 마땅하지 않을까? 또한 그런 일들을 저지하기 위해 가능한 수단과 방법을 모두 동원하지 않는 이유는 무엇일까? 자신의 사이트에서 날마다 비방과 거짓으로 점철된 홍수가 끝없이 넘쳐흐르는데 왜 여기에 대응할 특단의 대책을 세우지 않는 것일까? 저커버그의 주변인 중에 그가 이 문제를 해결하고 싶어 한다거나 그가 지금 적절한 대응책을 계획 중이라고 말하는 사람은 왜 하나도 없는 것일까?

그 이유는 자명하다. 회사의 이익과 무관하기 때문이다. 페이스북에게 이용자들은 돈이나 마찬가지다. 각 이용자는 회사의 가치를 높여주며, 광고 수입을 가져다준다. 페이스북은 끊임없이 성장 중이고, 그 성장 가도는 쉽게 멈추지 않을 것이다. 페이스북은 사람들의 유대 관계를 토대로 성장하는데, 이 관계는 지속적으로 새롭게 형성된다. 이는 페이스북의 성장에 가속도를 붙여준다. 우리 인간은 사회적 존재여서 타인의 애정과 관심이 필요하다. 페이스북을 포함한 다른 모든 소셜 네트워크 서비스는 인간의 이런 욕구를 이용하여 이득을 취한다. 게시물 아래 위치한 '좋아요'는 (애정과 관심을 두고) 서로 영원한 경쟁을 벌이도록 설계되었기에 좀처럼 벗어나기 힘들다.

미국 캘리포니아 대학교 교수인 엘리자베스 조는 "모든 플랫폼은 이용자가 연기하도록 만든다"고 말하며, 각 이용자는 연출과 각색을 통해 플랫폼이라는 무대 위에서 가능한 한 좋은 모습을 선보이려 한다고 풀이한다. 타인의 주의 집중에는 한계가 있기 때문에 각 이용자는 주변의 관심을 끌기 위해 부단히 노력해야만 한다.

"소셜 네트워크 서비스의 이용자들은 '좋아요' 경쟁에서 성과를 내려면 꾸며진 삶을 연기해야 한다는 것을 잘 알고 있다. 그러면서 자아의 또 다른 연기자를 무대 위에 세운다." 저널리스트 요르그 헨첼은 《쥐트도이체 차이퉁》에 이렇게 적으며 다음과 같이 부연한다.

매력적으로 꾸며진 자화상, 저명인사와 함께 찍은 셀카 또는 언젠가 방문한 화려하고 아름다운 장소의 사진 등은 그저 시작에 불과하다. 다음 단계로 들어서면 직접 찍은 포르노 사진과 영상이 스릴이나 개그의 소재로 사용될 것이다.

또 다른 플랫폼인 유튜브에는 일명 '프랭크prank' 영상들이 수십억 회의 조회 수를 기록하고 있다. 프랭크 영상이란 아무것도 모르는 주변 사람이나 일면식도 없는 낯선 이들에게 짓궂은 장난을 치는 장면을 담은 것으로, 조회 수 경쟁이 극심해지면서 그 수위 역시 날로 높아지고 있다. 더욱 심하고 거친 장난으로 관심을 끌려는 프랭크 영상은 인간에 대한 예의가 전혀 없으며 타인의 내밀한 영역까지 침범한다. 이런 영상을 전문적으로 올리는 유튜버들은 엄청난 수입을 벌어들이는데, 그로 인해 청소년이나 어린 아이들에게 선망의 대상이 되기도 한다. 2017년 한 전문 유튜버는 자신의 사촌들을 속이려는 목적으로 지나가는 익명의 대상을 살인하는 것처럼 보이는 영상을 찍어 올렸다. 미국 미시간주에서는 자신의 여자 친구가 스스로 목숨을 끊었다는 소식을 소셜 미디어로 접한 열한 살 소년이 그녀를 따라가겠다며 자살하는 일도 있었다. 실제로 소년의 여자 친구는 장난으로 자신이 자살한 것처럼 꾸민 사진과 글을 올린 것이었다. 어쩌다 우리는 이처럼 깊고 어두운 심연에 빠지게 된 것일까?

다시 모다마니의 사건으로 돌아가면, 의아한 점이 한두 가지가 아님을 알 수 있다.

왜 독일의 입법 기관은 모다마니에게 벌어진 일들을 미연에 저지할 법안을 마련하지 않은 것일까? 2017년이 될 때까지, 모다마니를 비롯하여 그와 유사한 일을 겪은 사람들을 위한 법은 왜 없었던 것일까? 독일의 모든 신문에는 의견란이 있어 보도된 내용 중 진실과 어긋나는 부분이 있으면 의견을 수렴하고 법적 책임을 진다. 그런데 왜 페이스북에는 이와 견줄 방안이 없는 것일까? 왜 우리는 이를 조용히 받아들이는 것일까? 소셜 미디어 인프라의 거대한 부분을 차지하는 이 회사가 누구에 의해 관리되고 어떤 구조로 이루어져 있으며 어떻게 돌아가는지 아는 사람이 거의 없음에도, 우리는 왜 아무런 의문도 품지 않고 감수하기만 하는 것일까? 폭스바겐이나 지멘스 그리고 주거래 은행에 대해서 많은 것을 알면서도, 왜 페이스북과 관련된 정보는 거의 알려지지 않은 것일까? 하도 오랫동안 자연스럽게 받아들인 탓에 우리의 판단력에 문제가 생긴 것일까?

동물과 인간을 괴롭히는 영상이나 자살 생중계처럼 조악하고 야만적인 오물들이 자신의 사이트에 버젓이 올라오는데도, 페이스북은 왜 이런 게시물들을 한참 뒤에야 삭제하기 시작한 것일까? 또한 게시물을 걸러내고 삭제하는 작업에는 왜 낮은 보수를 지급하는 것일까? 이런 작업으로 극도의 정신적 부담을 안아야 하는 직원들에게 충분한 혜택이나 보호를 제공하지 않는 이유는 무엇일까? 왜 이 회사는 자신의 사이트에 널린 오물을 완전히 없애는 데 총력을 기울이지 않는 것일까? 회사의 모든 에너지를 그쪽 방향으로 쏟아도 모자랄 판에, 다른 분야의 기술 개발에만 신경 쓰는 이유는 무엇일까?

여기에 대한 대답은 몇 가지가 가능하다. 우선 사회적·정치적 압력이 너무 늦게 가해졌기 때문이다. 자유주의 국가에서는 자유를 제한하는 것이 쉽지 않으며, 그런 결정을 내리기까지 약간의 시간이 걸린다. 게다가 소셜 미디어는 기존의 세계와는 다른, 근본적인 변화에 토대를 둔 새로운 세계이기에 이곳에서 무슨 일이 벌어지면 파악하는 데 일단 시간이 필요하다. 상황을 이해한 다음에서야 어떻게 대처해야 하는지 판단이 서는 것이다.

우리의 주제는 법이 아니라 공생이다. 그러므로 우리는 아직 법적으로 통제되지 않는, 이 새로운 세계에서 타인과 더불어 살려면 각 개인이 어떤 태도를 취해야 하는지 고민해야 한다. 여기에서 중요한 것은 한 걸음 뒤로 물러서는 자세와 배려이다. 이를테면 규칙이 정해지지 않은 세계에서 나름의 규칙을 하나둘 만들어가며, 석기 시대 때부터 물려받은 충동을 스스로 통제하면서 동물의 조심성처럼 서로가 긴장을 늦추지 않는 것이다. 이에 더해 우리 모두가 각각 한 명의 시민으로서 진실과 거짓을 분별하려는 마음을 가지고 이를 적극적으로 시도해야 한다.

2017년 3월, 미국 출신의 정치학 교수 로버트 켈리는 스카이프를 통해 BBC와 인터뷰를 진행했다. 인터뷰 주제는 당시 대한민국의 대통령이었던 박근혜의 탄핵과 관련된 내용으로, 그 무렵 대한민국을 관통하는 가장 뜨거운 주제이기도 했다.

당시 켈리 교수는 가족과 함께 한국의 부산에 살며 대학에서 학생들을 가르치고 있었다. 따라서 그는 그 분야에 상당한 지식과 이해를 갖추고 있었다. 이 인터뷰 영상은 아주 짧은 시간 동안 급속도로 퍼지며 일종의 전설이 되었다. 그리고 켈리 또한 단기간에 세계적인 유명 인사가 되었다. 그 이유는 그가 너무 이지적이어서가 아니었다. 생방송으로 진행된 인터뷰 도중 갑자기 방문이 열리면서 그의 네 살 난 딸 마리온이 그를 향해 달려 들어왔기 때문이다. 아버지 옆에 달라붙은 마리온은 얼떨결에 카메라 앞에 섰다. 켈리는 소위 홈 오피스라 불리는 공간에 앉아 있었다. 요즘 사람들은 그런 공간을 만들어 재택근무를 한다. 그런데 돌발 상황은 마리온에서 끝나지 않았다. 태어난 지 여덟 달 된 제임스가 누나 마리온을 따라 켈리의 방으로 들어온 것이다. 제임스는 네 발 달린 보행기를 타고 빠른 속도로 모퉁이를 돌아 아버지를 향해 돌진했다. 그럼에도 켈리는 어떻게든 인터뷰를 이어가려 했다. 물론 제대로 이루어지지는 않았지만, 아무튼 인터뷰를 무사히 마무리했다. 잠시 뒤 한 젊은 여성이 제임스를 따라 들어왔고, 두 아이를 붙잡은 그녀는 아이들과 함께 필사적인 속도로 방을 빠져나갔다. 그녀는 켈리의 한국인 아내로 이름은 정아였다.

한 가정에서 일어난 이 돌발 상황은 어느 순간 완전히 다른 맥락으로 이어졌다. 인터뷰가 전파를 탄지 나흘도 채 되기

전에 전 세계적으로 대략 8500만 명이 BBC의 페이스북에서 이 영상을 시청했다. 그 8500만에는 나도 포함된다. 참으로 재미있는 영상이었다. 그런데 진짜 흥미로운 부분은 따로 있었다. 페이스북의 해당 영상 아래에는 수천 개의 댓글이 달렸는데, 처음에는 다들 나처럼 진짜 재미있다는 감상평을 남겼다. 그리고 대부분의 댓글이 그런 내용이었다. 그러다가 누군가 이런 글을 적었다. '보모'가 두 아이를 한꺼번에 데리고 급히 빠져나가는 모습이 특히 재미있다는 댓글이었다. 이 댓글을 기점으로 새로운 논쟁이 벌어졌는데, 다음에 이어지는 글은 그중 일부이다. (실제로 나는 수만 건에 달하는 댓글들을 하나하나 살펴보며 논쟁이 흘러가는 분위기를 확실하게 파악하려 했다.)

ㄴ 보모라고?

ㄴ 왜 보모라고 생각하지? 겉모습이 아시아 여자라서? 화면 속 여성이 백인이었다면 그런 생각을 했을까? 저 사람은 켈리의 아내라고!

ㄴ 이 방송 사고로 보모가 일자리를 잃지 않으면 좋겠네.

ㄴ 보모가 아니라 아내라고요. 딱 보면 모르나.

ㄴ 아무래도 베이비시터인 것 같은데.

ㄴ 진작 문을 잠갔어야지. 왜 열어 놓고 인터뷰를….

ㄴ 저 사람은 아내라고요.

ㄴ 자기 아이를 저렇게 다루는 엄마가 어디 있어.

ㄴ 저 보모는 분명 쫓겨났을 거야.

ㄴ 왜 보모라고 하는 거지? 아, 아시아 여자니까!!!

ㄴ 인종 차별주의자 여러분, 저 사람은 어머니입니다. 아이 보
모가 아니고요.

ㄴ 난 아시아 사람이고, 내 친구 중에 하나는 백인이랑 결혼해
서 아이를 낳아 키우고 있지. 그런데 그 친구는 아시아인이
라는 이유로 어딜 가나 저 여성처럼 늘 보모 취급을 받아.
인종 차별주의자들은 항상 그런 식으로 사람의 마음에 상
처를 주지.

ㄴ 켈리가 저 보모를 쫓아냈다는 데 내 손목을 건다.

ㄴ 여기 인종 차별주의자들 엄청 많네! 그저 피부색만 보고 저
엄마가 보모일 거라 추측하는 자체가 당신들의 평소 성향
을 보여주는 거야. 다른 정보는 하나도 없는데 피부색만으
로 보모라고 확신하다니.

ㄴ 도널드 트럼프와 브렉시트의 나라에게 우리가 뭘 기대할
수 있겠어!

ㄴ 코너를 돌아 급히 달려오는 저 보모 좀 봐, 정말 웃겨 죽겠다.

ㄴ 보모 타령 그만하고 좀 꺼져라!

댓글들은 이런 식으로 이어지고 또 이어졌다. 그러다가 누

군가가 영상 속 한 부분에서 아버지가 팔로 자기 아이를 화면 밖으로 밀어내려 했다며 너무 폭력적이라고 비난했다. 그러면서 켈리의 행동을 두고 '오리엔탈oriental'이라는 단어를 꺼냈다. 그러자 또 다른 누군가가 사람을 두고 오리엔탈이라고 말하는 건 모욕이라고 반박했다.

> ㄴ 모욕까지는 아니지. 그냥 '이웃 나라의 방식' 뭐 그런 개념 아닌가.
>
> ㄴ 아니지. 오리엔탈은 카펫이나 음식에 쓰는 말이고, 사람한 테는 '아시안Asian'이 제대로 된 표현이라고.
>
> ㄴ 사회 복지 센터가 늘 과중한 업무에 시달리는 이유를 이제 야 알겠네! 자기 문제도 제대로 해결하지 못하는 사람들이 이렇게나 많으니, 누군가의 도움이 필요하겠지. 세상엔 방 치되고 학대받는 아이들이 생각보다 많아. 하지만 영상에 나온 사람들은 그렇게 심각한 수준은 아니야…. 그러니까 정말 아이들이 걱정되면 여기서 왈가왈부하지 말고 다른 곳에 주의를 좀 기울여 보시지. 좋은 부모들한테 비난과 모 욕을 쏟아붓는 건 이제 그만하라고!

댓글 논쟁은 며칠 동안 계속되었다. 그러나 언제부터인가 켈리나 그의 아내 그리고 아이들에 대한 내용은 더 이상 언급되지 않았다. 사람들 틈에 끼어 댓글들을 일일이 읽고 논쟁에 동참하는 일은 상당한 에너지와 정신력을 필요로 했다. 따라서 이들의 흐름을 따라가는 것만으로도 기력이 극도로 쇠하는 기분이었다.

한편으로 나는 그런 과정을 통해 우리가 제법 많은 것을 배울 수 있다는 사실을 깨달았다. 살면서 우리는 언제나 모든 것을 잘해야 한다는 압박감에 시달린다. 그런데 여기에서는 뭔가 뜻대로 되지 않더라도 즐거움을 느낄 수 있다는 것을 배웠다. 다시 말해 댓글 논쟁 속에서는 이따금 일이 뒤틀리더라도 혹은 계획대로 진행되지 않더라도 그렇게 나쁜 것은 아니며 그저 웃고 넘어가면 그만이라는 분위기가 깔려 있었다. 또한 사람들은 자신 앞에 놓인 문제를 기존과 다른 방식으로 다루었는데, 즉 문제를 즉각 해결하려 하지 않고 문제가 다른 지점에 도달할 때까지 무척 오랫동안 붙들고 늘어진다는 것이다. 그 과정에서 누군가는 인종 차별적인 발언으로 상처를 받기도 했다. 아이의 어머니를 보고 보모라 칭한 것처럼 말이다. 이 발언의 당사자는 화면 속 여성이 아시아인처럼 보였기 때문에 보모일 거라 추정했고, 그의 발언은 여성의 겉모습으로 사람을 평가하고 구별했다는 이유로 인종 차별주의라 간주되었다.

하지만 이렇게 가정하면 어떨까. 보모라는 단어를 처음 언급한 사람은 어쩌면 차별의 의도가 없었을지도 모른다. 어쩌면 그가 현재 살고 있는 지역에서는 모든 보모가 아시아 여성일 수도 있다. 그래서 그는 이런 판단을 내리게 된 것이다. 이를테면 그는 그저 현실을 반영한 것뿐이다. 우리는 지구상의 모든 사회 공동체를 조망할 수 없다. 각양각색의 사회·문화적 배경을 가진 수많은 이들을 하나하나 파악할 수도 없다. 그러므로 그를 향해 인종 차별주의자라 단언하기는 어렵다.

여기에 덧붙여, 종종 나는 이렇게 자문하곤 한다. 왜 하필 사람들은 누군가 전혀 의도하지도 않은 말에 상처를 받으며, 일면식도 없고 알지도 못하는 사람이 던진 인종 차별주의적인 비난에 모욕을 느끼는 것일까? 뿐만 아니라 댓글에서 사람들은 보모라는 직업을 존중받지 못하는 일로 치부했다. 이 또한 차별주의적인 생각에 바탕을 둔 것은 아닐까? 그럼에도 사람들은 너무도 당연하게, 이런 전제 위에서 논쟁을 펼쳤다. 그리고 이 부분을 따로 지적하지도 않았다. 왜 그랬을까?

재차 말하지만 지금 우리는 지극히 복잡다단한 세상에 살고 있다. 인터넷이라는 거대한 공간과 세계화라는 시대적 현상 속에서 무수한 것들이 지속적으로 충돌하는 현실에 놓여 있는 것이다. 따라서 이제 우리는 뭐든 서로 '쉽게 쉽게' 다루고 넘어가려 한다. 상대와 마주 앉아 얼굴을 보고 이야기하는 것과 컴퓨터 앞에 허리를 수그리고 앉아 타자를 치며 뒷공론하는 것에는 커다란 차이가 있다. 후자는 이런저런 반론의 댓글을 남긴 다음, 커피를 끓이거나 자기 할 일을 하면서 본인이 쓴 글을 잊는다. 그러는 동안 그 댓글을 읽은 상대방은 인종 차별주의적인 발언에 타격을 받고는 얼음찜질로 상처를 어루만지거나 분노로 거품을 물며 새로운 댓글을 달게 된다. 그러나 이 댓글은 읽히지 않는다. 방금 말했듯이 분노를 유발한 당사자는 자신이 쓴 댓글을 까맣게 잊은 채, 커피를 내린 다음 어머니에게 전화를 걸고 있을지도 모른다. 이후로도 그는 철물점에 가서 사야할 물건들 생각에 빠져 있을 것이다.

디지털 세계에서 뉘앙스 같은 미묘하고 세부적인 차이는 존재하지 않는다. 여기에서는 모든 것이 0 아니면 1이다. 극단적이고 차가운 디지털 세계에서는 그림자도 짙고 서늘하다.

역행하는 문명화

≈

친구가 이렇게 말했다.

"그렇지만 좋은 점도 있어. 생각해봐. 요즘 페이스북을 보면 세상에 이상한 사람들이 얼마나 많은지 쉽게 알 수 있거든. 제정신이 아닌 사람, 폭력적인 사람, 미치광이, 바보, 백치 그리고 몽매주의자들까지. 인터넷이 아니었더라면 우리 사회에 이런 사람들이 이렇게나 많다는 것을 알 수 없었을 거야. 예전에는 미처 몰랐지. 그리고 평소에도 자주 잊곤 하잖아. 그런데 인터넷 덕분에 새삼 깨닫고 있어. 그나저나 인터넷이 없던 시절에는 모두 어디에 있었던 걸까?"

"아마도 과거에는 이성적인 사람들이 지금보다 더 많지 않았을까? 이성적 판단이 지금보다 더 보편적으로 깔려 있었을지도 모르지. 게다가 그때는 다른 사람의 관심을 끌 기회가 거의 없었을 거야. 개인적으로 나는 미치광이, 정신 이상자, 몽매주의자 같은 사람들을 한데 묶어 비합리적인 인간이라 부르고 싶지는 않아. 이들은 그저 각자의 분별력에 흠이 있을 뿐이니까. 그런데 진짜 문제는 따로 있어. 이들이 인터넷 공간에서 타인을 대하는 독특한 방식이 점점 정형화되면서 위험이 날로 커진다는 거야. 모든 것이 허용되는 공간이니, 타인과 어떤 식으로 소통하든 아무도 관여하지 않아. 무엇보다 내가 우려하는 건, 대중을 상대로 하는 엄청난 거짓말쟁이들과 선동가들이 선두에 나서서 개입하기 시작하면 품위 있는 소통과 교류는 우리 사회에서 차츰 사라지게 된다는 거야. 인터넷 공간에서 선순환이 이루어지려면 타인을 향한 호기심을 바탕으로 두려움 없이 서로 대화를 이어 가야 하는데, 선동과 거짓말을 통한 개입은 커다란 방해 요소가 되지."

"인터넷은 확실히 미개한 영역이야. 미개하다는 표현이 조금 조심스럽기는 하지만. 심지어 역사학자 티모시 가튼 애쉬는 인터넷을 '인류 역사상 가장 거대한 하수구'라고 표현했잖아."

"맞아. 나도 그렇게 생각해. 하지만 그렇다고 인터넷을 무조건 반대하거나 거부하는 쪽은 아니야. 최근엔 반인 터넷을 지향하며 인터넷 시대를 풍자와 분노로 표현하는 소설 장르도 생겨났더군. 그중 하나로 자렛 코벡의 《나는 인터넷이 싫다》라는 소설이 있는데, 읽어 봤어?"

"아니."

"그럼 한번 읽어봐! 인터넷에 대해 다시금 생각하게 되더 라. 마냥 부정적으로만 여겨지지도 않고."

"그런데 조금 전엔 인터넷이 가진 문제점을 지적하지 않 았어? 도덕적 측면에서 보면, 페이스북에 발을 담그지 않 는 편이 더 나을 수 있다고 생각하는 거 아니었나?"

"마음은 그렇지만, 실제로 그러기는 쉽지 않지. 페이스 북 사용자는 전 세계적으로 20억 명이 넘어. 내가 그곳 에 더 이상 속하지 않는다고 해서 달라지는 건 하나도 없 을 거야. 그렇지만 내가 거기에 동참하면 아주 조금이라 도 뭔가가 달라질 수 있어. 페이스북엔 굉장히 많은 사람 들이 모여 있고, 거기서 사람들은 흥미진진한 논쟁을 이 어 가지. 그러면서 서로 교류가 이루어지고 또 무언가를 배우기도 해. 뿐만 아니라 그 안에서 우리는 내가 요즘 몰두하고 있는 주제의 핵심에 보다 가까이 다가갈 수 있 어. 인간은 결코 서로를 멀리하며 살 수 없어서 함께하고

참여하고 관여하며 살아야 하지. 페이스북이라는 공간
도 마찬가지야. 결국 페이스북도 사회 공동체이기 때문
에, 이 흐름에서 벗어나면 곤란해질 수 있어. 게다가 우
리 인간은 시류에서 벗어나는 걸 원하지 않지. 분명 인터
넷은 인류의 지식으로 만들어낸 훌륭한 발명품이야. 누
구든 자유롭게 사용하고, 지구상의 모든 이들과 신속히
연결될 수 있도록 만들어졌지. 이건 거부할 수 없는 사실
이야. 유튜브가 없었더라면 알렉세이 나발니(러시아의 변
호사이자 정치인.—옮긴이)가 푸틴 정부의 부패 혐의를 수차
례 비난하고 폭로하는 일도 불가능했을 거야. 안 그래?"
"그렇긴 하지만 또 한편으로 보면, 인터넷의 확산으로 우
리 인간이 특별히 새로운 깨달음을 얻었다고 할 수는 없
어. 특히 도덕적인 측면에서 말이야. 지식은 진보하고 있
지만 그에 비해 인류의 도덕성은 이따금 뒤처지고 있는
듯해. 그렇지 않아? 수많은 발견들이 그래 왔어. 서부의
개척이 그랬고 산업화도 마찬가지였지. 급작스런 변화와
발전을 이끌었지만 그리 문명적이진 않았어. 문명은 한
참 뒤에야 이루어졌지. 페이스북에서 친절하고 부드러운
말투로 대화하고 싶은 사람은 그 거친 분위기를 받아들
이는 데 꽤 오랜 시간이 필요할 거야. 그곳은 아직 문명
화가 덜 된 상태니까."

"네 말대로 새로운 깨달음 같은 건 없지만, 그럼에도 불구하고 인터넷에는 언제나 놀라운 지식들이 넘쳐나. 인간은 인터넷이라는 위대한 기술을 개발한 데서 멈추지 않고, 이를 토대로 끊임없이 무언가를 진척시키니까."

"인터넷에선 다들 원숭이 떼처럼 뒤죽박죽 섞여서 이야기를 하지."

"원숭이는 이야기를 하지 않아."

"말을 못한다 뿐이지, 원숭이들도 나름대로 의사소통을 하잖아. 아마 원숭이들은 우리보다 더 질서정연할 거야. 적어도 원숭이 무리에는 지휘하고 명령하는 우두머리가 있으니까."

"어디선가 인터뷰를 하나 읽은 적이 있는데, 거기서 딱 이런 내용을 다뤘어. 그 인터뷰에서 말하기를, 인류의 역사에서 새로운 미디어가 등장할 때마다 혼돈의 시기가 있었다고 해. 그 시기가 지나면 문명화 과정이 시작되고, 문명화가 어느 정도 진행되면 모든 것들이 질서를 찾으면서 일정한 궤도로 들어선다는 거지. 인쇄술이 발명되었을 때도 마찬가지였고. 다시 말하면 우리 인류는 스스로 발명한 것을 도덕적으로 통제할 수 있다는 거야. 그래야 한다는 것도 알고 있고."

"그럼 우리도 이제 천천히 시작할 수 있겠네."

"시작? 시작한다니, 그게 무슨 뜻이야? 여기서 핵심은 시작하거나 시작하지 않는 게 아니야! 중요한 건 인간이 지속적으로 서로에게 주의를 기울이며 깨어 있어야 한다는 거야. 뭔가 새로운 것이 등장할 때마다 감시하고 통제하려는 노력을 기울여야 해. 비록 실제로 완전한 통제가 불가능하더라도 말이야. 노르베르트 엘리아스(유대계 독일인 사회학자. 나치 집권 후 영국으로 망명했다. — 옮긴이)의 유명한 책, 《문명화 과정》을 너도 잘 알 거야. 엘리아스는 그 책에서 인류의 문명화 과정이 결코 멈추지 않는다고 말해. 계속해서 새로운 도전에 직면하면서도 인간은 이를 넘어서면서 문명화를 이루어가지. 엘리아스는 아마도 이런 말을 하고 싶었던 것 같아. 인간은 문명화라는 진보의 과정을 통해 자신의 충동을 늘 통제하는데, 그 이유는 인간이 타인과의 관계에 의존적인 존재이기 때문이라고. 그러면서 우리는 상대와의 교류에서 발생하는 반작용을 통해 무언가를 꾸준히 학습한다고. 하지만 엘리아스가 지적하듯이, 이 문명화 과정은 한 방향으로만 나아가지 않아. 즉 역행하기도 하지. 갑작스럽게 문명이 상실될 수도 있다는 거야."

"엘리아스의 책을 다 기억하지는 못하지만, 그 부분은 어렴풋이 기억이 난다. 그럼 너는 엘리아스가 거론한 '탈문명화'가 지금 우리 사회 안에서 진행되고 있다고 생각해?"

∽

이쯤에서 다시 할부니의 이야기로 돌아가볼까 한다. 드레스덴의 광장에 대형 버스들을 세웠던 그 예술가 말이다. 그리고 그의 페이스북에 달린 온갖 댓글들을 생각해보자. 어떻게 타인을 향해 그런 말들을 쏟아낼 수 있을까? 그건 의사 표현이라기보다 엄청난 저주이자 악담이며 모욕이다.

한편에선 이런 주장도 한다. 인간은 원래 그래 왔고, 사람들이 한데 모이면 무언가를 쏟아내게 마련이라고 말이다. 오래전부터 특히 남성들은 단골 주점에 모여 담배를 피우고, 술을 마시며, 시끄럽게 소리치고, 무언가에 흥분하여 열을 올리곤 했다. 거기서 사람들은 타인의 말에 크게 귀 기울이지 않는다. 그리고 그 모임과 상관없는 사람들은 그 말을 경청하지 않는다. 소설가 야나 헨젤은 《디 차이트》에 다음과 같은 글을 실은 적이 있다.

인간은 이야기의 전부를 설명하고자 하지 않으며 할 수도 없다. 하지만 그럼에도 인간은 근본적으로 의사소통에 대한 갈망이 있다. 즉 어떻게든 이야기를 하고 싶어 한다. 함께이든 혼자이든, 옆에 앉은 누군가가 귀 기울여 듣지 않더라도, 마지막 맥주가 바닥나더라도 상관없이 말을 내뱉고 싶어 한다.

오늘날은 예전과 달리 여럿이 함께 모일 수 있는 주점이 그리 많지 않다. 그 자리를 페이스북이 대신 채우고 있다. 거기서 온 세상 사람들이 모여 함께 읽고 이야기를 나눈다. 그곳에서 무슨 일이 벌어지든 자연스레 내버려 두면 아무런 문제도 발생하지 않을지도 모른다. 페이스북에 드러난 난폭함과 조야함은 사실 완전히 새로운 현상이 아니다. 인류의 역사에서 그러한 특성은 종종 나타났으며, 시간이 흘러 긴장이 완화되면 어느 정도 잠잠해진다는 것을 우리는 역사를 통해 익히 알고 있다. 그러므로 할부니의 페이스북에 넘쳐난 폭력적인 글들이 드레스덴을 뒤덮을 일도 없고, 전 독일을 떠들썩하게 만들 일도 없다.

마인츠 대학교 커뮤니케이션학과 교수인 올리버 퀴링은 온라인 공간의 의사소통을 주제로 연구를 진행하며 이렇게 언급했다.

응답자의 단 7퍼센트만이 온라인상의 공개적인 게시판에 글을 쓰는 것으로 밝혀졌다. 사용자의 90퍼센트 이상은 공개 게시판의 토론에 거의 참여하지 않으며, 트위터나 페이스북 게시물에 댓글을 다는 일도 극히 드물다. 다시 말하면 소수의 사람들이 소셜 미디어의 담론에 영향을 미치며 그 방향성을 좌우한다고 볼 수 있다. 그들 중 일부는 타인을 자극하고 선동하는 일에 단순히 재미를 느끼기도 한다. 그들은 그저 놀이 대상이 필요한 것이다.

∽

친구가 고개를 끄덕이며 답했다.

"내 경험에 비춰 보니 정말 그러네. 주변에서 인터넷 뉴스에 댓글을 다는 사람을 본 적이 거의 없으니까."

이어서 내가 부연했다.

"대부분은 그냥 읽고 넘어가지. 댓글을 다는 건 일종의 시간 낭비라고 생각하니까. 하지만 소위 트롤(스칸디나비아 지역 설화에 등장하는 괴물의 이름. 인터넷에서 악성 댓글을 남기는 사람들을 뜻함.—옮긴이)이라고 불리는 이들은 온라인 게시판을 돌아다니면서 쓸데없이 상대를 자극하고 도발하며 불쾌함을 조장하지. 이들은 자신의 삶을 위해 시간과 에너지를 쏟는 대신, 타인을 선동하면서 즐거움을 느끼는 모양이야. 그게 놀이이자 삶의 낙인 셈이지. 거참, 씁쓸한 현실이야."

"그럼 우리도 같이 섞여서 놀아야 하는 걸까?"

∽

"트롤에게 먹이를 주지 마시오!" 인터넷에선 이런 경고 문구를 어렵지 않게 볼 수 있다. 트롤이 등장하면 일단 무시하라는 것이다. 그러면 그들은 언젠가 사라진다. 하지만 그리 간단히 넘어갈 문제는 아니다.

다국어 온라인 백과사전 위키피디아의 설립자인 지미 웨일스가 《디 벨트》와의 인터뷰에서 남긴 한마디는 우리에게 많은 것을 시사한다. "만약 트롤들이 여론을 장악할 만큼 거대하게 성장하면, '트롤에게 먹이를 주지 마시오!' 같은 경고도 별 소용이 없지 않을까요?"라는 질문에 웨일스는 웃으며 답했다. "정말 그래요! 바로 그 점이 지금 우리가 떠안은 가장 큰 문제이지요."

한편 페이스북은 주점에 둘러앉아 떠드는 식의 모임이 아니다. 오프라인에서 만나 이야기를 나눌 때와는 달리, 페이스북에 남겨진 댓글은 사라지지 않는다. 주점에서 우리가 쏟아낸 말들은 담배 연기 속에서 사라지지만, 예술가 할부니의 사례처럼 페이스북에 올라온 말은 그 흔적이 쉽사리 지워지지 않는다. 또한 페이스북을 비롯해 여러 소셜 미디어에서 벌어지는 논쟁은 우리가 기존에 겪었던 논쟁과는 뭔가 다르다. 여기서 주고받는 말들은 비단 특정 논쟁 대상만을 향하지 않으며, 그 글을 읽을지도 모를 대중과 자신의 친구 및 지인들을 염두에 둔다. 즉 글을 통해 그들로부터 '좋아요'를 받고자 하는 소망

이 깔려 있는 것이다. 논쟁에 참여하는 상당수는 해당 문제의
진실에 관심이 있다기보다 "본인이 사회 공동체의 훌륭한 일원
이라는 사실을 보여주려는" 심리가 더 크다고 할 수 있다. 유명
블로거이자 칼럼니스트인 사샤 로보는 이렇게 말하며 소셜 미
디어는 정보의 진실을 다루기보다 사회적 기능을 주로 담당한
다고 주장한다. 우리 인간은 언제나 어딘가에 속하기를 원하는
데, 오늘날 이를 채워주는 것이 소셜 미디어인 셈이다. 여기서
생각해볼 것이 또 하나 있다. 우리가 소셜 미디어에 무언가를
기록할 때면 상대방은 우리와 같은 공간에 머물지 않는다. 즉
소파나 기차 또는 인터넷이 연결되어 있는 개인적인 공간에 앉
아 상대방이 부재 중인 상태에서 글을 쓰는 것이다. 이런 공간
들은 오프라인이었더라면 공개적으로 토론을 하고 의사소통을
하기에 결코 적합한 곳이 아니다. 하지만 이제 전 세계 사람들
은 소파 위에서 트레이닝복을 입고 이런저런 말들을 쏟아낸다.
(쉬운 예를 들기 위해 이렇게 표현했지만, 이와는 전혀 다른 공간에서 트
레이닝복이 아닌, 다른 옷을 걸치고 있을 수도 있다.) 오늘날의 공존 문
화는 이런 모습을 하고 있다. 이 분위기가 변하지 않는다면 앞
으로도 우리는 계속 이런 삶을 지속하게 될 것이다. 다만 언제
까지 계속될지는 나도 잘 모르겠다.

그런데 할부니 앞에는 여전히 쓰레기가 놓여 있다. 그리고
일반 대중들 사이에도 불쾌한 쓰레기가 공공연히 널려 있다.

다시 강조하지만, 오늘날 우리의 공존 문화에서 '어디에서 무엇을 말하는지'는 중요하지 않다. 식탁에 홀로 앉아 있든, 단골 술집에서 누군가와 함께 있든, 논쟁의 당사자가 식탁 옆이나 술집 테이블 곁에 있든 말든 우리는 서슴없이 하고픈 말을 내뱉으면서 다음 날 아침 걸레질하듯 훔치고 나면 그만이라고 생각한다. 주점에서 주절거린 말들이 연기처럼 흩어지듯이, 식탁에 앉아 온라인에 끼적거린 글들도 알아서 사라질 거라 여긴다. 하지만 앞서 말했듯이 사적 공간이 아닌 공적 공간으로 넘어가면 문제가 달라진다. 공적 공간은 대중의 여론에 변화를 가져올 수 있기 때문이다.

책의 서두에서 언급한 이야기를 다시금 꺼내면, 2015년 11월에는 미국의 대통령이 되고자 했던(안타깝게도 이후 실제로 대통령이 된) 한 남자가 장애를 가진 다른 이를 대중 앞에서 조롱한 사건이 있었다. 그 남자, 도널드 트럼프는 누군가를 우스꽝스럽게 흉내 냈고, 배우 메릴 스트립의 말처럼 그 누군가는 트럼프보다 "권위도 낮고 힘도 없으며 맞서 싸울 여력도 부족한" 사람이었다. 이처럼 힘을 가진 인물이 "타인에게 굴욕감을 주는 모습을 공적인 장소에서 드러내면 이는 다른 많은 사람들의 일상에 영향을 미친다. 권력을 가진 자의 이런 행동은 다른 사람들도 그와 똑같이 행동해도 된다는 암묵적 승인으로 작용하기 때문이다. 무례함은 무례함을 불러일으키고 폭력은 폭력을 부른다."

그 이유는 무엇일까? 우리 사회는 지위나 권위가 높은 이들의 태도를 기꺼이 받아들이는 경향이 있다. 즉 그들의 언행을 품위나 예의의 기준으로 삼는 것이다. 이러한 경향이 일상에 스며들어 습관으로 자리하면 심각한 문제가 될 수 있다. 따라서 우리에게는 분별력이 필요하다. 그렇다면 무엇을 받아들이고 또 무엇은 받아들이지 말아야 할까?

바로 이 지점에서 2017년에 치러진 프랑스 대선을 떠올리는 사람들이 꽤 많을 것이다. 그해 프랑스의 대선은 프랑스 국민이 아니더라도 절대 잊을 수 없을 만큼 흥미진진했고 결과 또한 놀라웠다. 에마뉘엘 마크롱은 마린 르 펜(우익 포퓰리즘 성향으로, 극우 정당인 국민연합의 대표. ─옮긴이)과의 결선 투표에서 3분의 2의 지지를 얻으며 대통령이 되었다. 나머지 3분의 1은 진실이 아닌 개인의 욕심에 치중했던 습관적 거짓말쟁이에게 표를 던졌다.

이와 관련하여 저널리스트 게오르크 슈테판 트롤러는 《디 차이트》와의 인터뷰에서 2017년에 르 펜을 지지한 프랑스인들은 비시 정권의 악랄한 범죄를 부정한 것이나 다름없다고 말했다. 비시 프랑스라고도 불리는 비시 정권은 2차 세계 대전 당시 나치에 점령된 남부 프랑스를 다스렸으며, 보통 파시즘적 괴뢰

정권으로 불린다. 1942년 7월, 1만 3000명이 넘는 프랑스 거주 유대인들이 에펠탑 근처 실내 경륜장으로 끌려오는 일이 있었다. '벨로드롬 디베르 대규모 검거 사건Rafle du Vélodrome d'Hiver'이라고 불리는 이 사건은 말 그대로 유대인들을 기습 검거하여 임시로 수용한 것이다. 당시 1만 3000여 명 가운데 어린아이만 4000여 명이었고, 이들은 화장실도 제대로 가지 못한 채 소량의 음식과 물로 버텨야 했다. 이후 성인들은 아우슈비츠 강제 수용소로 옮겨졌고(아이들은 한 달 뒤에 이송되었다), 대부분 학살당했다. 르 펜은 이 사건이 프랑스 경찰에 의해 자행된 것이 아니라고 주장했다. 인터뷰에서 트롤러가 지적했듯이, 르 펜의 말은 명백한 거짓이다. 트롤러는 오스트리아 출신 유대인으로 나치 시절 오스트리아를 떠나 체코와 프랑스와 미국을 전전해야 했다. 당시 그는 시대의 한복판에 있었기 때문에 "내가 다 안다"고 말할 수 있는 사람이다.

조금은 다른 예를 하나 들어볼까 한다. 사샤 로보는 베를린에서 열린 2017 리퍼블리카Re:publica 국제회의(매년 5월 베를린에서 개최되는 인터넷 업계 컨퍼런스.—옮긴이) 연설에서 다음의 일화를 전했다. 지중해의 난민 문제가 대두될 무렵, 그는 《슈피겔》에 난민을 구조해야 한다는 내용의 글을 기고했다. 그 이후 이메일을 한 통 받았는데, (분노로 가득한 항의 글이 다들 그렇듯이)

오타와 막말이 난무했다고 한다. 이메일에는 "너처럼 덜떨어진 변종 같은 놈들은 독가스로 없애버려야 해!" 같은 표현도 있었다(이 정도는 꽤나 인간적인 편에 속한다고 한다. 그렇게 비정하지는 않으니…). 이어서 "시간이 약이라지만, 시간이 지나면 넌 조만간 암살될 거야"라고 적혀 있었다고 한다. 정확히 가늠할 수는 없지만, 저널리스트나 정치인은 이와 같은 메일을 거의 매일 받을 것이다. 사샤 로보의 일화는 그중 하나에 불과하다. 우리 사회에 존재하는 여러 집단은 "자신들이 점점 더 중요해지고 있다"고 믿는다. 따라서 그들은 자신들이 무엇을 하든 당연히 허용될 거라 확신한다.

예를 하나 더 살펴보면, 현재 우리 사회가 얼마나 빠르게 전환되고 있는지 실감할 수 있다. 영국의 소설가 로버트 해리스는 2017년 《슈피겔》과의 담화에서 바로 이 부분을 짚으며 5년 전과 당시를 비교한 바 있다. 그는 2012년 런던 올림픽 때만 해도 자신의 모국인 영국이 "관용과 개방을 대표하는 나라"였다고 회상한다. 그로부터 5년이 지나자 "대표적인 외국인 혐오 국가"가 되었다는 것이다. 대중의 관심을 먹고 사는 황색 언론들은 나라의 "역적"을 만들어 선동하고, 노동자의 "쟁의 행위"를 끊임없이 비난하고 있다. 또한 영국의 총리는 국민을 향해 "여러분이 세계 시민이라고 생각한다면 존재하지 않는 곳의 시민이나 다름없다"고 말했다. 해리스는 이미 전 세계적으로

"반유대주의의 향기"가 짙게 풍긴다며, 자칭 타칭 뿌리가 없는 사람들을 향한 증오가 널리 확산하고 있음을 시사한다. 이는 히틀러나 스탈린 통치 시대에 유대인을 배척할 때의 분위기와 흡사하다. 그러나 문제는 여기에서 그치지 않는다. 지위와 권력을 가진 그들의 행동만 달라지는 것이 아니라 우리 역시 차츰 변하고 있는데, 일반 대중은 그들의 달라진 태도와 행동에 알게 모르게 영향을 받기 때문이다.

2017년 5월 브뤼셀에서 열린 북대서양조약기구 정상 회의에서 도널드 트럼프는 이제껏 누구도 본 적 없는 장면을 연출해 전 세계 사람들을 놀라게 했다. 회의를 마치고 기념 촬영을 하는 자리에서 트럼프는 자신의 앞줄에 있던 몬테네그로 총리 두스코 마르코비치를 밀쳐내고는 아무렇지도 않게 앞자리를 차지했다. 그런 다음 트럼프는 맨 앞줄에 서서 옷매무새를 다듬으며 당당하게 고개를 세웠다. 이는 마치 수컷 고릴라가 심술을 부릴 때 보이는 몸짓 같았다. 정치 풍자가 얀 뵈머만은 이를 두고 트위터에 다음과 같은 글을 남겼다.

"하하. 뭐 이런 저급하고 저능한, 개똥 같은 인간이 다 있나."

엄밀히 말하면 사실 나도 뵈머만처럼 생각했다. 하지만 그렇다고 해서 공적인 공간에 본심을 드러내는 것이 과연 마땅할까? 다르게 표현하면, 그 순간 도널드 트럼프(혹은 얀 뵈머만)은 자신의 '수준'을 우리에게 여실히 보여준 것이 아닐까? 나 또한 그를 '뭣 같은 인간'이라 칭할 수도 있다. 그는 나와 전혀 다른 유형의 인간으로, 자신의 목적을 위해 타인을 모욕하고 업신여기는 데 거리낌이 없기 때문이다. 물론 뵈머만의 표현이 다소 과하기는 하지만, 개인적으로 나는 거짓말쟁이는 거짓말쟁이라 부르고, 인종 차별주의자는 인종 차별주의자라 지칭하며, 무능하면 무능하다고 지적할 수 있어야 한다고 생각한다. 이런 행위야말로 진실을 말하는 것이기 때문이다.

그런데 진실을 말하는 과정에서 우리 스스로가 더럽혀진다면 어떻게 해야 할까? 이와 관련해 자주 인용되는 것으로 마크 트웨인이 남긴 말이 하나 있다.

어리석은 사람들과 토론하지 마라. 그들은 당신을 자신들과 같은 수준으로 끌어내린 뒤, 숙련된 기술로 당신을 두들겨 팰 것이다.

품위도 예의도 없으며 진실과 거리가 먼, 어리석은 자들은 바닥까지 치닫는 저급한 수준에 정통하기 때문에 위험하다. 마크 트웨인은 일찍부터 이 사실을 잘 알고 있었다.

앞에서 언급했던 '단골 술집' 이야기를 잠시 꺼낼까 한다. 우리 인간에게는 다른 사람이 자신의 말에 귀 기울여주기를 바라는 욕구가 있다. 인간은 관심이 필요하다. 또한 인간은 타인에게 관심을 기울이기도 한다. 관심을 주고받음으로써 인간은 타인과 공존할 수 있다. 관심이 교환되지 않으면 다른 이들과 더불어 살기 어렵다. 그래서 우리는 주점이나 식당에 모여 앉으려 하며, 그 안에서 자신이 타인의 관심을 받고 있다는 기분을 느끼려 한다. 이처럼 관심을 향한 갈망은 인간의 기본 욕구이다. 모든 아이들은 부모의 관심을 원한다. 보통 둘째 아이는 첫째 아이와 비교했을 때 꽤나 다른 정서 발달을 보이는데, 그 이유는 부모가 둘째에게 온 시간과 정성을 쏟기 때문이다. 다시 말하면 첫째 아이는 둘째의 등장을 두려움으로 받아들일 수 있다. 자신에게 쏟아지던 관심과 집중이 확연히 줄어들기 때문이다.

인간은 타인이 나를 알아주기를 바란다. 즉 인정받기를 원하는 것이다. 인정은 타인을 통해서만 받을 수 있는 감정이다. "무대 위에서 아무런 역할도 없이 누구의 주목도 받지 못한다면" 우리는 아무것도 아닌 것과 다름없다. 이는 건축가이자 철학자 그리고 경제학자인 게오르크 프랑크가 1990년대 말에 펴낸 《관심의 경제학》에서 거론한 말이다. 여기에 더해 프랑크는 "타인의 관심을 바라는 욕구는 인류 역사에서 변함없이 존재해 왔다"고 말한다. 또한 (유인원을 포함한) 모든 사회적 동물들은 일생의 상당 부분을 서로를 주시하면서 보낸다고 한다. 그럼

인스타그램과 페이스북, 트위터 등은 무엇을 의미하는 것일까? 이 같은 소셜 미디어는 서로를 향한 지속적인 관심과 끊임없는 관찰에 목적을 둔다. 조금 단순하게 직설적으로 표현하면, 소셜 미디어는 인간이라는 영장류 집단이 새롭게 발견하거나 만들어낸 것이 아니다. 예전부터 인간에게 내재한 특성을 단지 새로운 매체로 구현했을 뿐이다. 그런데 이러한 상호 간의 관심은 위계질서와 연계된다.

인간의 영혼은 애정을 필요로 하는데, 이는 마치 육체가 모르핀을 요하는 것과 동일한 수준이다. 아무런 관심을 받지 못하면서, 다른 모든 이들에게 신경을 쏟아야 하는 사람은 위계질서의 맨 아랫부분에 놓이게 된다.

게오르크 프랑크는 이렇게 적으며 다음과 같이 덧붙인다.

따라서 다른 사람의 관심과 애정은 가장 거부하기 힘든 마약이라고 할 수 있다.

미국의 대통령 선거전이 한창이던 2016년, 타인의 관심이 얼마나 무서운 마약인지를 또렷이 보여 주는 결정적인 장면 하나가 포착되었다. 그해 10월, 힐러리 클린턴과 도널드 트럼프는 2차 텔레비전 토론을 위해 한 방송국 스튜디오에서 만났다. 두 사람은 각자 정해진 위치에 자리를 잡았고 토론이 시작되었다. 힐러리 클린턴이 이야기를 하는 도중 트럼프는 갑자기 자신의 자리를 이탈하여 힐러리의 뒤로 불쑥 다가왔다. 그러면서 무대를 어슬렁거리며 어딘가 위협적인 행동을 취했는데, 이는 흡사 동물들에게서 나타나는 공격적인 행동과 닮아 있었다. 무엇보다 그는 이런 행동을 통해 힐러리에게 갈 관심을 빼앗아 자기 쪽으로 끌어들일 수 있었다. 그의 행동에는 품위가 실종되어 있었는데, 어쩌면 그래서 성공적이었는지도 모른다. 그가 보여준 경솔하고 위압적인 행동은 한편으로 '나는 언제든지 어떻게든 내가 원하는 대로 타인의 관심을 끌어낼 수 있어'라는 뉘앙스를 풍겼다. 트럼프를 선택한 사람들은 아마도 이 점에 매료되었을지 모른다. 그들이 원하고 필요로 하고 그리워하는 관심을 트럼프는 자유자재로 받기 때문이다. 그렇다면 그들의 선택은 옳았다.

트럼프는 습관적인 거짓말쟁이다. 그는 지적 사고 능력이 부족하며, 놀라우리만큼 자기중심적이다. 하지만 그는 사람들이 자신의 말을 경청하고 자신을 무시하지 않도록 하려면 어떻게 처신해야 하는지를 누구보다 잘 알고 있다.

폴란드 출신의 사회학자로 영국에서 마지막까지 강의를 하다 2017년에 세상을 떠난 지그문트 바우만은 자신의 산문집

《문 밖의 이방인》에서 이솝 우화 중 하나를 소개한다. 〈토끼와 개구리〉로 알려진 이 이야기에는 수많은 맹수에게 쫓기며 불안에 떠는 토끼들이 등장한다. 이들은 두려움으로 가득한 삶에 염증을 느끼고는 결국 연못에 빠져 죽기로 결심한다. 토끼들이 우르르 물가로 몰려들자 연못에 살던 개구리들은 깜짝 놀란 나머지 물속으로 뛰어든다. 그러자 토끼들은 세상에 자신들을 무서워하는 동물도 있다는 사실을 새삼 깨닫게 된다. 그때 교훈을 얻은 한 토끼가 이렇게 말한다.

"우리보다 더 불행한 처지에 있는 동물들이 언제나 존재한다는 걸 잊지 맙시다."

바우만은 이 우화를 오늘날의 사회상에 적용한다. 이야기 속 토끼들은 현 사회에서 경제적 주변부에 위태롭게 걸려 있는 이들이며, 개구리들은 이민자라는 것이다. (여기서 바우만이 말한 이민자는 미국에 사는 멕시코인 또는 무슬림을 지칭하는 듯하다.) 그러면서 바우만은 이렇게 부연한다.

내몰리고 쫓겨난 사람들은 완전히 바닥까지 떨어졌다는 기분을 느끼며, 실제 자신들이 위치한 곳보다 훨씬 더 깊은 나락에 빠졌다고 인식한다. 이처럼 상처받은 영혼을 회복시키려면 이들에게 조금이나마 남아 있는 자존감과 인간으로서의 존엄을 되찾아주어야 한다.

자존감과 존엄이 재건되는 경험을 통해 정신적 상처가 치유될 수 있다는 것이다. 그러면 다음과 같은 질문이 가능하다. 만약 토끼들이 두려움에 떠는 개구리를 보고 안심하는 대신 오히려 불안을 느낀다면 어떻게 될까? 즉 자신들이 가장 불행하다고 생각했던 토끼들이 개구리의 비참함을 보고 더 놀라버린다면 어떨까? 물론 이솝 우화에서는 그런 일이 벌어지지 않았다. (자연에서도 마찬가지다. 내가 비록 토끼 전문가는 아니지만, 내가 아는 한 개구리를 보고 두려움을 표출하는 토끼는 어디에도 없다.) 그렇다면 인간의 경우는 어떨까? 인간 사회에서 〈토끼와 개구리〉 이야기를 뒤집는 사례는 어렵지 않게 찾을 수 있다. 현재 전 세계에서 득세하고 있는 모든 포퓰리스트 지도자들은 고유의 추종자들뿐 아니라, 기존의 (안정적인) 경제 기반을 (다소) 상실한 이들로부터 든든한 지지를 받고 있다.

2017년 네덜란드에서 치러진 선거를 예로 들어보자. 당시 선거에서 자유당의 대표 헤이르트 빌더르스를 지지한 사람들은 비단 사회·정치적으로 안정적인 계층만이 아니었다. 우파 포퓰리즘 정당인 자유당의 지지자 중에는 현재의 안정적 상황이 조만간 무너질지도 모른다는 '불안감'에 사로잡힌 이들도 상당했다. 여기서 말하는 불안감은 기존의 불안과는 다른 개념으로, 이를테면 '추락에 대한 두려움'이다. (미국의 저널리스트이자 문화 비평가인 바버라 에런라이크는 일찍이 1989년에 자신의 책《추락의 두려움》을 통해 이 개념을 구체화한 바 있다.) 이 두려움은 아직 인지되지 않은 감정이며, 아무도 이 감정이 무엇인지 자세히 알지 못하는 데다 이를 인정하려 들지도 않는다.

2017년 3월, 쾰른의 독일 경제 연구소는 오늘날 '독일을 위한 대안' 같은 극우 포퓰리즘 정당에 몰려드는 이들이 어떤 부류인지 경제학적 측면에서 연구·조사한 결과를 발표했다. 분석 결과 경제적으로 빈곤하거나 사회 복지에 의존하는 계층과 극우 포퓰리즘 정당은 큰 상관관계가 없는 것으로 밝혀졌다. 즉 독일을 위한 대안의 주된 지지층은 사회·경제적 중산층으로, 평균 소득 혹은 그 이상을 버는 사람들이 정당의 중추적 역할을 하고 있다는 것이다. 이들은 현재 비교적 안정적인 생활을 유지하고 있지만, 앞으로 재앙이 언제 닥칠지 모른다는 엄청난 불안감을 느끼며 현실 정치를 믿지 못하는 데다 현실 정치에 영향을 받지도 않는다. 여기서 이들이 느끼는 불안은 미래에 대한 두려움이다. 그리고 이 두려움은 무엇보다 다른 나라에서 건너온 이민자와 난민 그리고 이주민에 초점이 맞춰져 있다.

무기력과 두려움은 한데 결합하여 상승효과를 일으킨다. 가령 두려움을 지닌 사람은 이 두려움의 원인에 대항하여 아무것도 할 수 없다는 감정을 느끼게 된다. 그러면 이 두려움은 어느 순간 거대하게 자라나 우리의 감정을 지배하게 된다. 또한 아무것도 할 수 없다고 느끼는 무력감은 쉽게 이해하기도, 받아들이기도 힘든 감정이기 때문에 한번 생겨나면 벗어나기가 어렵다. 외국인을 향해 심각한 두려움을 느끼는 이들은 보통 외국인을 만난 적이 없거나 외국인을 전혀 알지 못하는 경우가 다수이다. (만약 이들이 기꺼이 외국인에게 다가가고 가까워지려 노력한다면 이전에 느꼈던 막대한 두려움은 다소 경감될지도 모른다.)

이렇게 가정해보자. 지금부터 딱 한 달 동안 우리 모두에게 동일한 조건의 생활 환경과 정치 상황이 주어졌다고 생각해보는 것이다. 이때 누군가는 위에서 언급한 것처럼 모든 일들을 두려움이라는 감정에 바탕을 두고 바라볼 수 있다.

한편 태생적으로 세상을 늘 긍정과 낙관의 자세로 바라보는 사람의 경우 같은 상황이라도 전혀 다르게 받아들일 수 있다. 다시 말해 지금 우리에게 중요한 것은, 주어진 문제가 아니라 문제를 받아들이는 태도에 있다. 이 시대를 사는 모든 이들은 각자의 삶을 지탱하기 위해 고군분투하고 있다. 알고 보면 우리 모두는 굉장히 비슷한 방식으로 나름의 투쟁을 벌이고 있다. 차이점이 있다면 주어진 전제 조건과 투쟁의 수단이 각기 다르다는 것뿐이다. 그러므로 상황을 무조건 두려움으로 받아들이기에 앞서, 이 점을 먼저 이해하는 것이 동시대를 더불어 살아가는 데 훨씬 더 중요하지 않을까?

내 경험에 비춰볼 때 두려움에는 몇 가지 장점이 있다. 먼저 두려움은 대단히 유용한 편이다. 스스로 두려움을 인정하고 이 감정을 밀어내지도, 억누르지도 않으면 어쨌든 해가 되지는 않는다. 두려움은 억압하고 몰아내면 더욱 커져 이내 우리의 감정을 압도하기 때문이다. 두려움을 인정한다는 것은 감정을 혼자 간직하지 않으면서 비슷한 감정을 느끼는 다른 사람들과 공유하는 경험까지 포함한다. 이 경험을 통해 우리는 혼자가 아니라는 것을 확인한다. 두 번째로 두려움은 (가능한 선에서) 상황을 적절히 판단하여 처리하는 데 도움을 준다. 무슨 뜻인가 하면, 현실을 상상의 영역으로 끌어들여 두려움을 견지하면서 상황을 이성적으로 접근하도록 만드는 것이다. 그런데 이 과정에서 두려움은 원형과 조금 다른 모습으로 변모한다. 예컨대 증오는 두려움이 배출되는 다양한 하수구 중 하나로, 원치 않는 그리고 견디기 힘든 감정들이 빠져나가는 통로라고 할 수 있다. 즉 증오의 원형은 두려움인 셈이다.

개인적인 예를 하나 들어볼까 한다. 때때로 나는 열차를 이용한다. 역과 열차는 무수히 낯선 이들이 머물며 시간을 보내는 장소이다. 거기에는 당연히 외국인과 이민자 그리고 난민들이 존재한다. 그 공간에 머물 때면 다양한 모순된 감정들이 머릿속을 맴돌게 마련이다. 이 사실을 받아들이고 모순된 감정들의 정체를 확실히 해두면 일상생활이 보다 순조로워진다. 말하기 조심스럽지만, 가끔 나는 어딘가 의심스러운 젊은 남성들이 보이면 나도 모르게 피할 때가 있다. 이렇게 말하면서도 마음이 그리 편치 않지만 솔직한 심정이기도 하다. 역을 다니다보면 배낭을 하나 메고 이마에 광고 전단 같은 사진을 붙인 채 떠돌아다니는 사람들이 심심치 않게 보인다. 누군가는 이런 현실을 부담스럽게 여기며 화를 낼 수도 있다. 동시에 또 다른 누군가는 이런 생각과 감정에 의문을 품을 수 있다. '왜 그렇게 예민하게 받아들이지? 그들은 그저 우리와 겉모습이 조금 다를 뿐이고, 자신에게 주어진 운명이 너무 버거워서 어떻게든 극복해보려고 뭐라도 시도하는 것뿐인데?', '도덕적으로 부적절한 행동은 하나도 없는데, 뭐가 그렇게 불편하고 부담스러운 거지? 지금 누리고 있는 풍요로움이 혹시라도 그들에 의해 빼앗길까봐 혐오와 두려움이 엄습하는 건 아닐까?' 하고 말이다.

자신의 나라에서 낯설음을 느끼게 되면 '원초적 불안'이 유발된다.

1989년 동독 사민당에 입당해 1990년에는 동독 인민회의 의원이 된, 신학자이자 철학자이며 정치인인 리하르트 슈뢰더의 말이다. 그는 이렇게도 말한 바 있다.

이 원초적 불안은 파시즘적이지 않으며 인종 차별주의와도 거리가 멀다. 이 감정은 무례함과 무관하며 미래가 예측 가능할 때에는 발동되지 않는다.

이러한 원초적 불안을 야기하지 않으려면 국가는 명백하고 가시적인 무언가를 내놓아야 한다.

우리가 자국에서 이방인으로 전락하지 않을 것임을 보여주는 확실한 조치가 이루어져야 이 원초적 불안에서 벗어나게 된다. 그러니 부디 모두들 진정하기를….

슈뢰더의 이 말은 구체적으로 어떤 의미일까? 아마도 그는 이 원초적 불안이 정치로부터 비롯되지 않아야 하며, 정치가 이 같은 감정을 촉발해서도 안 된다는 말을 하고 싶었던 것 같다. 즉 이 감정이 정치적으로 사용되어서는 안 된다는 것이다. 하지만 세상은 종종 우리 뜻과는 다르게 흘러간다. 가서는 안 된다는 것을 알면서 그 길에 들어서기도 하며, 앞으로 나아가기는커녕 뒷걸음치기도 한다.

현재 우리의 정치·사회는 전진보다는 후퇴에 가까운 길에 놓여 있다. 물론 모든 것이 퇴보할 만큼 절망적인 상황은 아니다(개인적으로는 그렇게 본다). 그럼에도 위기임은 분명하다. 여러

분야 가운데 특히 정치에서 뒷걸음질하는 모습이 두드러지고 있다.

지금 우리는 지나온 길을 되돌아가고 있다. 그런데 역설적이게도 현재 우리는 지금 처한 상황이 무언가 잘못되었으며, 어딘가 잘못된 길로 들어서고 있다는 것을 알고 있다. 어디로 가야 하며 또 어디로 가지 말아야 하는지도 다들 인지하고 있다. 그럼 이쯤에서 질문이 하나 떠오른다. 왜 우리는 그것을 알면서도 솔직하게 시인하지 않는 것일까?

'관심의 경제학'을 내세웠던 게오르크 프랑크는 이런 말을 한 적이 있다.

자신이 마땅히 받아야 한다고 생각하는 관심을 제대로 받지 못한 사람은 그가 갈망하는 관심을 거부한 이들을 비난하고 헐뜯기 시작한다.

이와 관련된 이야기가 하나 있다. 겨울의 끝자락에 있던 2017년의 어느 날, 나는 드레스덴의 한 레스토랑에 앉아 점심을 먹고 있었다. (의도하지는 않았지만, 다시 또 드레스덴이 등장했다. 이 책을 쓸 무렵 유독 나는 그곳을 자주 들렀다.) 그때 나는 그 식당의 유일한 손님이었다. 한창 식사를 하던 중에 편한 차림을 한 두 명의 노신사가 큰 소리로 대화를 나누며 식당 안으로 들어왔다. 그들은 테이블 세 개를 차지했고 식당은 두 사람의 이야기 소리로 가득 채워졌다. 그들은 몹시 기분이 좋아 보였고 그 상황을 만족스럽게 누리는 듯했다. 얼마 뒤 두 사람은 정치 이야기로 넘어갔다. 바로 그 무렵 사민당에서는 마르틴 슐츠(유럽의회 의장을 역임한 독일의 정치인. 친근한 리더십, 서민 중심의 경제 정책 등으로 높은 지지를 얻었다.—옮긴이)가 당대표로 선출되면서 정치권은 새로운 희망과 기대감으로 곧 다가올 봄날을 기다리고 있었다. 두 사람 중 하나가 운을 뗐다.

"1990년이 생각나네. 그땐 모든 게 다 잘 돌아갔는데. 그런데 지금은 뭐야? 지금 우리 상황을 좀 봐! 완전 바나나 공화국banana republic(정치·경제적으로 불안정한 작은 국가를 모욕적으로 일컫는 말.—옮긴이)이잖아. 슐츠가 웬 말이야. 학교에서 두 번이나 낙제한 인물을 가지고 유망주라니! 사람이 그렇게 없어? 그런 알코올 중독자를."

대화는 그렇게 계속되었다. 그리고 두 사람은 스테이크를 시켰다. 미디엄으로.

나는 밥값을 내고 식당을 나왔다. 하지만 밖으로 나와서도 분노와 불쾌감은 사라지지 않고 내내 나를 뒤덮었다. 그들의 대화에서 나를 불쾌하게 만든 건 한두 가지가 아니었다. 먼저 1990년은 단지 나라가 잘 돌아가던 해로 기억되어서는 안 된다. 그때는 통일과 자유 그리고 권리가 주어진 역사적인 기점이었다. 두 번째로, 두 번의 낙제는 문제될 것이 아니다. 소설가 토마스 만은 학교에서 세 차례 낙제했으며, 정치인 피어 슈타인브뤼크(전 독일 사민당 총리 후보. ─ 옮긴이)도 두 번이나 낙제했다. 그리고 알베르트 아인슈타인은 열다섯 살의 나이에 학교를 그만두었다. 세 번째로, 얼마나 현실과 동떨어져 있으면 자기 나라를 바나나 공화국이라 칭할 수 있는 것일까? 평범한 시민이 주중에 한가로이 식당에 앉아, 미디엄으로 구운 스테이크를 점심 메뉴로 주문할 수 있는 현실을 바나나 공화국이라 일컫다니. 야외에는 햇살이 빛나고, 손에 아무런 무기도 없는 시민들은 평화롭게 거리를 걸으며, 텅 빈 횡단보도 앞에서도 다들 초록 신호를 기다리고, 굶주림에 죽어가는 이도 없는 데다, 역에선 기차들이 제 시간에 맞춰 달리는 이 나라에서 무엇이 더 채워져야 이른바 바나나 공화국이 아닌 상태가 되는 것일까? (물론 기차들이 매번 제 시간을 맞추는 건 아니지만, 보통은 시간표에 맞춰 도착한다.) 이런 나라에 살면서도 할 말이 그렇게나 많다니 놀라울 따름이다!

드레스덴에서 스쳐간 두 남성은 나와 아무런 상관도 없을 수 있다. 나는 그들에 대해 아무것도 모르며 그저 대화의 몇 마디만을 들었을 뿐이다. 그러나 나 아닌 또 다른 누군가도 어디에선가 그런 류의 이야기를 들었을 수 있다. 불만과 싫증에 가득 차, 진부한 욕을 내뱉는 사람들은 세상에 대해 아무것도 모르면서 스스로 모든 것을 안다고 믿는다. 오늘날 사람들은 이런 식의 불평불만을 무척이나 자주 늘어놓는다. 그 대상은 매우 다양하다. 시민의 삶과 동떨어진 유럽, 탐욕스러운 정치인들 그리고 권력욕에 사로잡힌 정당들이 주로 여기에 포함된다.

언젠가 친구들과 함께 모였던 저녁 식사 자리가 생각난다. 이번에는 드레스덴이 아니라 오버바이에른에서 있었던 일이다. 식사를 하며 대화를 나누던 중 친구 하나가 화두를 던졌다.

"솔직히 말해서, 유럽이 우리한테 뭘 해줬지?"

이 말을 듣고 나는 제법 감정적인 태도로 말문을 열었다. 유럽이라는 대륙이 그동안 얼마나 많은 불행을 겪었는지, 수십 년 동안 얼마나 잦은 전쟁과 전염병을 치렀는지 등을 열거하며 열변을 토했다. 또한 유럽이 어떻게 인류 역사상 가장 큰 범죄를 저질렀는지, 어쩌다 같은 대륙에 속한 국가들끼리 적대시했는지 과거를 회상하기도 했다. 그러면서 나는 이 모든 일들은 이미 다 지나갔으며 오늘날 우리는 평화와 자유 그리고 풍요로움을 한껏 누리고 있다고 이야기했다. 결국 내가 하고 싶은 말은 마지막 문장에 있었다. 기나긴 부침을 지나 마침내 유럽은 지금 우리에게 평화와 자유 그리고 풍요를 가져다주었다고 말이다! 내가 목소리를 높이자 다른 친구들 역시 내 말에 동의하는 듯했다. 하지만 사람들은 종종 과거를 잊곤 한다. 그 이유는 무엇일까?

현재 베를린에 거주 중인 오스트리아 출신의 작가이자 저널리스트인 에바 메나세는 그 이유를 "풍요로움에 겨워 주어진 호사를 인지하지 못하기 때문"이라고 지적한 바 있다. 주변을 보면 나라를 다스리는 소위 엘리트들을 경멸하는 이들이 상당히 많다. 사람들은 이제 더 이상 유럽의 과거를 떠올리지 않으려 한다. 유럽이 한때 어떤 모습이었는지, 얼마나 망가지고 황폐화되어 갈기갈기 찢어졌었는지를 기억하지 않으려고 한다. 그런 기억이 떠오르는 것 자체를 거부하는 듯하다.

여기에서 나는 이런 질문을 하고 싶다. 만약 실패와는 거리가 먼 완벽한 사람들이 이 나라와 유럽을 다스렸다면 우리는 지금과 같은 풍요와 자유를 누릴 수 있었을까? 그들의 시행착오가 있었기에 여기까지 올 수 있었던 건 아닐까? 개인적으로 나는 현재 저 위에 있는 엘리트들이 지금껏 해왔던 대로 계속해서 각자의 본업에 충실하기를 바란다! 훗날 인공 관절이 필요해지면 나는 가장 능력 있는 정형외과 전문의를 찾을 것이다. 내 자동차가 고장이 나면 우수한 정비 공장에 차를 맡길 것이다. 집을 짓고 싶을 때는 유능한 건축가를 찾기 위해 최선을 다할 것이다. 이처럼 나는 필요하고 원하는 것이 있으면 자유롭게 선택하며 충분히 혜택을 누릴 수 있다. 이러한 혜택은 비단 나만의 특권이 아니다. 이 나라에 살고 있는 대다수의 시민들이 나처럼 풍요와 자유를 만끽하고 있다. 그럼에도 현실 정치가 완전히 달라져야 하는 것일까? 나는 정치인들의 판단력과 지력을 존중하며 그들이 걷는 방향으로 기꺼이 걸음을 맞추고 싶다.

한때 이 나라는 부유한 집안의 아들이나 전 대통령의 부인과 같은 사람들에게만 정치권의 고위직에 오를 기회가 주어졌었다. 막대한 재산이 받쳐주지 않으면 정치권에 들어가기도 어려우며 영향력을 행사할 수도 없었다. 내가 아는 한 과거에는 정말 그랬던 것 같다. 그런데 만약 지금까지도 그렇다면, 평범한 시민들이 정치에 직접 참여할 수 있는 기회가 조금도 주어지지 않는다면, 오직 특권층들만 정치 엘리트 자리를 차지할 수 있다면 우리의 현실은 꽤나 절망적일 것이다.

2017년을 기준으로 가장 최근까지 총리를 지낸 인물들을 보면 세무 공무원인 한스 콜의 아들(헬무트 콜)을 비롯하여 비정규직을 전전했던 프리츠 슈뢰더의 아들(게르하르트 슈뢰더) 그리고 목사인 호르스트 카스너의 딸(앙겔라 메르켈)까지 특권층과는 거리가 먼 이들이 이 나라를 이끌어왔다.

게오르크 프랑크는 "르상티망ressentiment(원한이나 분노, 질투 등의 감정으로, 보통 강자를 향한 약자의 반감 및 증오로 풀이됨. -옮긴이)의 경제"를 거론하며 관심의 욕구를 물물교환의 원리로 풀어낸 바 있다. 즉 간단히 설명하면 이런 식이다. '내가 필요로

하는 관심을 당신이 나에게 주지 않으면 나 또한 똑같이 할 것이며, 당신의 주의와 관심이 전혀 필요 없는 사람처럼 행동할 것이다.' 사람들은 이런 마음을 가지면서도 자신이 경멸하는 이들로부터 공감을 얻으려 한다. 왜 그럴까?

물물교환의 원리처럼 인간은 상대가 나에게 관심을 가지지 않으면 나 역시 관심을 거둠으로써 동일한 선상에 서려 한다. 그럼에도 불구하고 우리는 타인의 관심 없이는 살 수가 없다. 타인의 무관심은 우리를 후회와 체념, 비참함 그리고 분노에 빠지게 한다. 여기에 덧붙여 프랑크는 이렇게 말한다.

르상티망은 사람들의 마음을 쉽게 흔들며 중독성이 있다. 소셜 미디어는 일종의 반향실反響室(소리가 잘 되울리도록 설계된 방.-옮긴이)로 작용하는데, 비슷한 생각을 가진 이들이 한데 모인 반향실에서는 기존의 미디어보다 공감대가 수월하게 형성되며 소리의 울림도 훨씬 크다. 그리하여 한마음을 가진, 같은 음을 가진 이들의 소리는 더욱 강렬해진다. 예컨대 반향실에서 형성된 증오가 정치권을 향해 공격적으로 드러난다면 그 원인은 정치권의 관심 유무라고 볼 수 있다. 다시 말하면 이전부터 '그들에게' 관심을 기울이지 않은 정치권을 향해 관심을 강요하는 일환으로 증오의 감정이 표출되어 반향실 안에서 소리를 거대하게 키운 것이다.

이는 현재 서구 사회의 정치 영역에서 벌어지는 현상들과 정확히 일치한다. 자기 자신을 한 번이라도 되돌아본 사람이라면 게오르크 프랑크가 말하는 관심의 특징에 고개가 끄덕여질 것이다. 프랑크는 관심에 대해 다음과 같이 설명한다.

관심은 특정한 방향성 없이 이리저리 흘러가는 경향이 있다. 관심은 새로운 것을 좋아하며 새로운 대상에 집착한다. 따라서 관심의 방향은 언제든 전환될 수 있다. 이처럼 불안정하게 배회와 집중을 오가기 때문에 관심에는 상당한 에너지와 노력이 들어간다. 또한 관심은 타인과 더불어 공유하고 나누기를 좋아한다. 특히 터부를 깨는 이야기나 스캔들처럼 민감한 소재를 다루는 것을 선호한다.

소셜 미디어는 이러한 관심의 이면을 끄집어내 터부나 스캔들을 일종의 심심풀이·장난·화젯거리로 소비하게 만든다. 소소하게 시작된 장난은 수많은 이들이 집중적으로 몰려들어 공유되면서 거대한 일이 되어버린다. 소셜 미디어에서 대중의 관심은 자산과 같기 때문에 치열한 경쟁이 벌어지게 마련이다. 즉 관심의 획득은 비즈니스로 직결되므로 관심의 욕구를 가장 만족스럽게 채우거나, 비열한 방법으로 선동하거나, '적당한 선'에서 타인에게 상처를 주며 관심을 얻는 이들은 상당한 이

득을 얻게 된다. 문제는 이런 관심의 이면 때문에 온 세상이 소셜 미디어에 매달려 내내 클릭을 하면서 화가 난 채로 말과 글을 주고받는다는 것이다. 그래서인지 관심이라는 단어가 점점 더 왜곡되고 오염되는 것만 같다. 그렇지 않은가?

우리는 서로를 이해하려 했는가

∾

드레스덴에 버스로 만든 기념비가 세워질 무렵, 인상 깊은 모습이 연출되었다. 작센주 사민당 대표이자 경제장관인 마르틴 둘리히가 기념물 설치에 항의하기 위해 찾아온 어느 노부인과 만남을 가진 것이다. 그 노부인은 설치물이 세계 대전으로 파괴되었던 드레스덴을 다시금 깎아내리는 것처럼 느껴진다며 크게 반대했다. 두 사람의 만남은 인터넷을 통해 중계되면서 엄청난 화제를 불러일으켰고, 심지어 《디 차이트》는 대화의 일부를 정리하여 기사로 내기도 했다.

기념물 설치와 관련해 한참 동안 설전이 오간 끝에 이야기는 다소 이상한 방향으로 흘러갔다. 즉 버스 기념비를 허락한 드레스덴의 시장 힐베르트가 '진정한' 드레스덴 사람인지 아닌지를 두고 논쟁이 벌어진 것이다. (요즘 같은 세상에 '진정한 드레스덴 사람'이라는 표현 자체가 어불성설이긴 하지만 이를 논하는 사람이 아직도 꽤나 많다.) 이야기 주제가 시장으로 옮겨간 계기는 항의하러 방문한 또 다른 시민이 시장 힐베르트가 8년 동안 쾰른에 살았다는 사실을 꺼내면서부터였다. 다음은 이후 장관과 노부인 사이에 오고간 대화 중 일부이다.

> **노부인** 여기서 내가 지랄맞은 일을 당하고 있는데, 시장이란 사람은 보이지도 않아요. 그러다가 또 괜찮아지면 다시 돌아오겠죠. 뭐 그런 사람이 다 있어요? 일은 자기가 저질러놓고.
>
> **장관** 저기 여사님, 그건 말이죠….
>
> **노부인** 지금 나는 해명을 들으러 온 게 아니에요.
>
> **장관** 시장님 말고 저랑 대화하시는 건 어때요? 대화를 원하시는 거죠? 아니면 그저 저에게 쓰레기든 뭐든 다 쏟아내고 싶으신 건가요?
>
> **노부인** 아, 다시 그 이야기로 넘어왔네요! 쓰레기! 그 쓰레기 좀 치워요!
>
> **장관** 저랑 좀 더 대화로….
>
> **노부인** 그 쓰레기를 치우라고요!

장관 네. 그런데 여사님은 저와 대화할 마음이 없으신가 봐요. 아까는 분명 저랑 할 말이 있다고….

노부인 내가 대화를 안 한다고요? 그럼 지금 내가 하는 건 뭔데요?

장관 저랑 같이 대화를 하고 싶으신 게 맞나요? 확실히 말씀해주세요.

노부인 아니요. 장관님이랑 대화하고 싶지 않아요. 그냥 내 뜻을 전달만 하고 싶어요. 그러니까 나는….

장관 (웃음)

노부인 텔레비전에 나오는 사람들이나 장관님이나 다 똑같아요. 장관님도 지금 저랑 대화하는 게 아니라 저 너머에 있는 다른 여러 사람들에게 말하고 있잖아요.

장관 여사님, 저는 정말 여사님과 대화를….

노부인 그건 그렇고, 나는 '나치'에요. 그리고 나는 페기다 PEGIDA (유럽의 반무슬림 극우 단체. − 옮긴이)를 지지해요. 거기 들어가서 여길 지킬 거예요.

장관 저는 여사님과 담소를 나누면서 소통하고 싶어요.

노부인 장관님이 원하는 게 그거라면 어쩔 수 없죠. 세상엔 뜻대로 안 되는 것도 많으니까. 대화나 담소는 필요 없어요. 다 부질없어요.

장관 그럼 저랑 대화하고 싶은 마음이 없으신 거군요.

노부인 설명이나 해명은 필요 없다니까요. 저 광장에 설치하려는 물건, 내가 보기엔 그저 변태 같아요. 내가 하고 싶은 말은 그게 전부예요.

장관 대화를 더 나누실 생각은 없고요?

노부인 없어요. 전혀 하고 싶지 않아요. 내가 말한다고 해서 진지하게 받아들일 생각도 없잖아요.

장관 제가 지금 여기에 왜 있겠어요? 함께 대화하고 소통하고 상의하려고 와 있잖아요. 여태까지 여사님은 본인의 주장을 펼치셨고요. 그런데 왜 제가 진지하게 듣지 않을 거라고 생각하시나요?

이후로도 두 사람은 시장이 주도하는 기념비 개막식 및 기념비 설치를 두고 한동안 논쟁을 벌였다. 그리고 대화는 끝이 났다.

장관 여사님은 왜 지금 저와 대화하려 하지 않으시는 거죠?

노부인 뭐, 해봐야 의미가 없으니까요. 장관님은 저를 이해하지 못할 테고, 저도 장관님을 이해하지 못하니까요. 장관님은 지금 그 물건을 찬성하는 편에 서서 대변하러 오신 거잖아요. 그러니까 더 이상 말하고 싶지 않아요.

그런 다음 노부인은 그 자리를 떠났다. 서로 대립하는 두 사람이 마주 앉았지만, 제대로 된 대화를 시작조차 하지 못한 이 장면은 그저 웃어넘기기에는 심히 절망적이다. 우리 일상에서도 이런 장면은 그리 낯설지 않다. 장관과 노부인의 만남을 보며 로리오의 스케치를 떠올린 사람들도 많을 것이다. 풍자 만화가이자 위대한 예술가인 로리오는 독일 사회의 모순과 경직성을 특유의 유머로 그려냈는데, 일종의 촌극으로 구성된 그의 작품은 전파를 타면서 대중들의 공감을 이끌었다. 로리오의 만화에는 종종 노년의 부부가 등장한다. 그들은 서로에게 무심하며 무미건조한 일상을 보낸다. 로리오의 작품 중 〈텔레비전을 보는 저녁〉은 유독 앞의 장면을 연상시킨다. 작품 속 노부부는 텔레비전이 고장 났음에도 그저 텔레비전 앞에 나란히 앉아 있다. 그 앞에 앉아 있는 일 외에 딱히 다른 할 일이 떠오르지 않아서, 저녁이면 으레 텔레비전 앞에 앉아 있었기 때문에 두 사람은 늘 하던 대로 그곳에 자리를 잡은 것이다. 그러면서 두 사람은 어차피 텔레비전에서 방영되는 프로그램들은 항상 별로였다고 말한다. 늘 볼 것이 없었다고 불평을 하면서도 부부의 시선은 모두 텔레비전 쪽을 향하고 있다. (텔레비전이 고장나든 말든, 언제나 그랬듯이.) 결국 두 사람은 상대방의 시선이 서로를 향하지 않고 텔레비전에만 고정되어 있다는 이유로 싸움을 벌인다. 둘 다 계속 앞만 보고 있었는데 남편은 어떻게 부인의 시선이 '거기에만' 머물러 있다는 것을 알았을까?

> **남** 당신은 어째 저쪽만 보고 있는 것 같네….
>
> **여** 내가 어딜 보는지 어떻게 알아요? 계속 텔레비전만 봤으면
> 서…. 그래도 나는 슬쩍슬쩍 당신을 쳐다봤다고요…. 일부
> 러라도 당신을 흘깃거렸다고요…. 당신이 나한테 조금이
> 라도 더 관심을 가졌더라면, 내가 당신을 일부러 슬쩍 보
> 았다는 걸 눈치챘을 텐데. 하지만 당신은 나한테 아무런
> 관심이 없으니…. 알 리가 있나.

남편은 마감 뉴스를 보고 나서 자겠다며 대화를 끝내려 한
다. 그러자 부인은 텔레비전이 고장 났는데 무슨 뉴스냐며 맞
받아친다. 이어서 남편은 힘이 넘치는 목소리로 마지막 말을
건넨다.

> **남** 고장 난 텔레비전 따위가 내가 잠들 시간을 정해주는 건
> 아니지!

부부의 대화는 희극의 옷을 입고 있지만, 그 이면엔 우리
의 현실이 적나라하게 드러나 있다. 이 촌극은 무엇을 말하고
싶은 것일까? 두 사람은 서로에게 정말 중요한 것이 무엇인지,

서로가 진짜 원하는 것이 무엇인지 파악하지 못한 채 무의미한 대화만을 주고받았다. 고장 난 텔레비전은 둘의 대화에 별다른 영향을 미치지 않았다. 부부는 텔레비전이 고장 났음에도 그쪽에만 눈을 두었고, 이러나저러나 프로그램은 항상 재미가 없었다고 말한다. 그들은 텔레비전이 없어도 아쉬울 것이 없었다. 부부에게 결핍된 것은 텔레비전이 아니라 서로를 이해하는 자세였다. 슬프게도 두 사람은 상대방을 이해하지도, 이해하려 노력하지도 않는다. 이 고통스런 진실을 뒤로하고 자리를 떠나는 남편의 모습은 너무도 안타까운 장면이다.

그런데 이 장면의 뒤에는 더욱 심각한 사실이 숨어 있다. 텔레비전이 제대로 작동했을 때, 이 기기는 두 사람의 시야를 가렸으며 부부가 서로 바라보는 것을 가로막았다. 또한 둘은 더 이상 서로에 대해 아무런 관심이 없었다. (텔레비전과 함께하든 함께하지 않든) 두 사람은 대화를 나누며 교류할 시간이 제법 많았음에도 결코 그렇게 하지 않았다.

언젠가 어느 정신 분석학자가 나에게 이런 말을 한 적이 있다. 그는 환자가 처음 방문하여 치료를 시작할 때마다 간절히 바라는 소망이 하나 있다고 했다. 부디 이 환자가 본인의 이야기를 이해하기 쉽게, 명확하게 전달하기를 바란다는 것이다. 다시 말해 환자가 현재 어떤 상태이고, 어떤 것을 느끼고 있는지, 그리고 지금 본인에게 정말로 중요한 것이 무엇인지 분명하게 말해주기를 진심으로 소망하며 치료에 임한다는 것이다. 본인의 상황을 또렷이 표현할 수 있는 '자신만의 언어'를 찾아야 의사가 환자를 제대로 도와줄 수 있기 때문이다.

드레스덴의 그 노부인은 자신의 마음속에서 요동치는 생각을 확실하게 전달했던가? 그는 아무도 자신에게 관심이 없다는 감정에 사로잡혀 있었다. 게다가 하필 그 시간에 자리를 비운 시장은 그의 감정에 불을 붙였다. 노부인과의 만남은 예정된 일정이 아니었기 때문에 시장은 일부러 자리를 피한 것이 아니었다. 그럼에도 그는 자리를 비운 시장을 불쾌하게 여기며 다들 자신에게 무관심하고 자신의 의견을 무시하기만 한다고 생각했다.

그럼 장관과 노부인의 대화에서 우리가 주목해야 할 점은 무엇일까? 무관심에 대해 이야기해야 할까? 무관심은 우리의 주제인 품위와도 밀접한 관계가 있으니까? 품위란 타인에게 관심을 기울이는 것이기도 하니까 이야기할 법도 하다. 그러나 대화의 핵심은 무관심이 아니었다. 두 사람은 기념물 설치에 대해 논하기 위해 마주 앉았다. 노부인은 아무도 자신의 우려에 관심이 없으며, 그가 중요시 여기는 드레스덴의 현실과 미래에 대해 심각하게 고민하는 이들도 없다고 주장했다. 그러면서 대화를 해봐야 소용이 없다고 말했다. 상대가 이런 태도로 일관할 때 한층 깊이 파고들면 상대의 의중을 조금이나마 이해할 수도 있다. 예를 들어 "좀 더 자세히 말해주시겠어요?", "제가 제대로 이해를 못해서 그러는데, 한 번만 더 설명해주시겠어요?"라고 되물으며 상대방이 본심을 꺼낼 수 있는 여지를 만들어야 한다. 하지만 장관은 같은 말을 반복하며 노부인의 감정을 자극했다. 문제를 풀어보려는 시도 대신 오히려 상황을 고착시켰다. 장관은 수차례 똑같은 문장을 되풀이했고, 결국 노부인은 그와 말을 섞으려 하지 않았다.

노부인은 "나는 지금 해명을 들으러 온 게 아니에요"라는 말을 통해 설명이나 해명이 아닌 뭔가 다른 것을 원한다는 것을 표현했다. 그가 원한 것은 설명이 아니라 이야기를 하는 것이었다. 그러나 이야기는 이루어지지 않았다. 누군가는 이렇게 물을 수도 있다. "물질적으로 어려움이 없는 한 여성이 곤경에 처한 난민들 때문에 불안과 우려에 휩싸였다니, 대체 뭐가 그리 걱정스럽다는 걸까?" 하고 말이다. 그래서인지 사람들은 그의 생각에 별다른 관심이 없었고, 집중적으로 논의할 의향도 없었다. 물론 노부인 또한 자신의 속내를 자세히 털어놓지 않았다. 왜 그랬을까? (나는 그 여성에 대해 아는 바가 하나도 없다. 하지만) 어쩌면 그는 드레스덴에 살면서 미래에 대한 두려움을 느꼈을 수도 있고, 생존을 위한 최소한의 안전이 사라질까 겁이 났을 수도 있다. 이에 더해 그동안 드레스덴에서는 현재의 삶에 만족하지 못한, 분노에 찬 다수의 시민들이 곳곳에서 모습을 드러냈을 수도 있다. (동독 지역이었던 드레스덴은 통일 이후 새로운 세상을 맞이했으나, 시민들의 기대와 현실 사이에는 여전히 간극이 존재한다.)

누군가 이 사실을 솔직하게 말한다면 경시하지 않고 진지하게 받아들이는 사람이 과연 있을까? 문제는 이런 사실이 전혀 말해지지 않는다는 것이다. 아무도 이를 입 밖으로 내뱉지 않으며 그저 분노의 형식으로만 표출한다. 그날 카메라 앞에서, 수많은 사람들 앞에서, 그리고 장관이라는 한 남자 앞에서 표출된 흥분과 분노를 누구도 주목하지 않았고, 중요하게 다루지도 않았다. 장관 역시 그 노부인과의 대화를 사소하게 넘겼다. (나는 그 장관이 실제로 어떤 사람인지 잘 모른다.) 그는 자신이 시민과 대화하기 위해 그 자리에 참석했다는 모습을 카메라와 대중들 앞에서 보여주고자 했다. 다시 말해 이야기를 듣는 것은 부차적인 문제였다. 진심으로 대화를 원했다면 그런 식으로 카메라 앞에 자리를 마련하지 않았을 것이다. 시선이 많지 않은, 어딘가 조용한 장소에서 차를 대접하며 대화를 시도했다면 깊은 이야기를 주고받았을지도 모른다. 장관이 이런 것까지 알기를 바란다면 너무 무리한 요구일까?

동독이 몰락하던 시절, 신문 기자로 활동하던 나는 당시의 일들이 생생하게 기억난다. 그때 동독 지역은 새로운 주州로 재편되어 체제를 정비하는 과정에 있었다. 당시 나는 취재를 위해 많은 사람들을 만났는데, 대부분은 나를 보자마자 대화하고 싶지 않다고 말하거나 시간이 없다는 말만 남기고 자리를 피했다. 모두가 정신이 없던 시기였기에 동독 주민들에게 관심을 가지는 이들 또한 거의 없었다. 그래서 나는 일부러 더 많은 시간을 할애하여 그들과 한참 동안 앉아 있었다. 내가 그들의 삶에 진심으로 관심이 있다는 것을 알게 되자 사람들은 내 앞에서 기나긴 이야기를 털어놓았고, 개중에는 눈물을 쏟으며 말하는 이들도 적지 않았다. 그렇다고 내가 앞서 등장한 장관보다 더 나은 인간이라고 말한다거나, 나를 더 괜찮은 대화 상대로 내세우려는 것도 아니다. 그럴 목적으로 과거의 기억을 떠올린 것도 아니다. 당시 나는 기자로서 동독 주민들과의 대화와 의사소통에 관심이 많았다. 말 그대로 일을 위해 그들이 필요했던 것이다.

내가 진짜 하고 싶은 말은 따로 있다. 즉 앞으로 우리가 다른 사람과 공존하려면 더불어 살아야만 하고 또 더불어 살고자 하는 타인에게 일말의 관심이라도 가져야 한다는 것이다. 작은 관심은 결코 손해로 돌아오지 않는다. 물론 이렇게 생각할 수도 있다. 정치인들을 포함하여 상당수의 현대인들은 분주한 업무와 정해진 일상에 치여, 타인을 향한 일말의 관심이 끼어들 여유조차 없다. 그로 인해 (우리 삼촌의 이야기로 돌아가 비교했을 때) 인간에게 반드시 필요하며, 인간이라면 응당 받아야만 하는 존중이 사라졌을지도 모른다. 만약 드레스덴의 장관 같은 정치인이 한 걸음 더 나아가 자신의 긍정적인 이미지와 카메라 너머에 있는 유권자들을 염두에 두고 그 노부인에게 적극 관심을 보였다면 어땠을까? 하지만 그는 거기까지 다다르지 못했다. 단지 먼저 무언가를 말하기만을 기다리며 대화를 요구했다. 관심은 뒤로 한 채로 말이다.

≈

"그런데 앞서 식당에서 마주친 두 남자 얘기를 할 땐, 드레스덴의 경제적 어려움이나 복지 사각지대에 대해 거론하지 않았잖아?"

"맞아. 그랬지."

"그들의 대화를 듣고 분노와 거부감에 휩싸이는 바람에 네가 그 부분을 간과한 건 아닐까? 두 사람에게도 나름의 사연이 있었을 수 있잖아? 그때는 이런 식으로 스스로에게 반문하지 않았지? 아니면 그들에게 직접 질문을 한다던가."

"나도 사람인지라 떠오르는 생각과 충동적인 감정을 모두 억누를 수는 없으니까."

"하긴 그래. 그나저나 복지 사각지대라는 단어가 옳은 표현인지 가끔 의문이 들곤 해. 복지는 왜 모든 인간의 기본적 욕구를 채워줄 수 없는 거지? 인간의 근본적인 불안과 두려움을 막아주는 것이 복지인데, 복지 사각지대란 결국 복지가 닿지 않는 곳이잖아. 참으로 역설적인 말인 것 같아."

"네 말이 맞아. 다시 생각해볼 필요가 있어."

나는 친구의 말에 고개를 끄덕였다.

⁂

그건 그렇고, 나에게는 원칙이 하나 있다. 가능하면 나에게 온 편지나 이메일에 모두 답을 하는 것이다. 이것은 내가 인간관계를 대하는 자세이기도 하다. 그런데 어디까지 예의를 지켜야 하는지를 두고 늘 고민에 빠진다. 가끔가다 모욕적인 말이 날아올 때면(정치 분야를 주로 다루는 다른 동료들처럼 심각하게 자주 오는 편은 아니지만) 나는 그 사람이 왜 나에게 그런 험한 욕설과 비방을 쏟아붓는지 이해할 수 없다. 그래서 답장을 쓸 때에도 내 마음을 그대로 적는다. 당신이 왜 이러는지 모르겠다고, 이해하기 어렵다고 말이다. 내가 그에게 모욕을 당할 만큼 뭔가 큰 잘못을 한 것일까? 그 사람의 비난은 정당한 것일까? 여기에 대한 대답은 여전히 찾지 못했다. 따라서 아직도 물음표로만 남아 있다.

　이따금 나에게 이메일을 보내며 자기주장을 펼치는 나이 많은 남성이 있었다. 그런 그가 한 해의 마지막 날 밤이자 새해로 막 넘어간 새벽 세 시 반 무렵에 이메일을 하나 보내왔다. 그는 오바마가 살인자이며, 힐러리 클린턴은 중증 정신 질환자라 주장하면서 인터넷 어딘가에서 찾아낸 의심스런 정황들을 나에게 들이밀었다. 그는 이전에도 같은 주장을 반복하며 이런저런 증거들을 꺼내 나를 설득하려 했다. 그러면서 현재 주류 언론의 지배(그는 정말 '지배'라는 단어를 썼다) 때문에 진실이 드러나지 않고 있다는 생각을 고수했다.

　새해 첫날 새벽 세 시 반을 이런 메일로 시작하고 싶은 사람이 어디에 있을까. 그의 메일에 담긴 내용도 내용이지만, 그의 태도는 나의 공감을 불러일으키기에 턱없이 부족했다.

　내가 만약 그에게 답을 하지 않았더라면 그 나이 든 남성은 지금까지도 나에게 이메일을 쓰며 오바마는 연쇄 살인마이고 힐러리 클린턴은 정신 이상자라 주장했을 것이다. 나는 평소의 원칙에 따라 나에게 온 모든 메일에 답을 했고, 덕분에 그는 누군가에게 쏟아내고 싶었던 분노와 험담을 내게 보낸 메일을 통해 어느 정도 해소한 듯했다(그의 이메일에는 비속어가 가득했는데, 가령 메르켈 총리를 지목할 때에도 차마 입에 담기 어려운 더러운 단어를 사용해 모욕하는 것을 서슴지 않았다). 나는 그에게 당신의 발언을 제대로 이해하지 못해 안타깝게 생각한다고, 미안하지만 당신의 주장에 온전히 동의할 수 없다고 답했다.

답장을 받은 그는 어떤 반응을 보일까? 어쩌면 그는 책상 앞에서 어깨를 으쓱거리며 왠지 모를 무기력한 감정에 휩싸이게 될지도 모른다. 아니면 그 반대로, 수신자에게 무기력함을 유발하기 위해 그런 편지를 보내는 것일지도 모르겠다. 본인의 감정 안에 무력감이 들어차 있어 생을 지속하는 것조차 버겁기 때문에 다른 사람들에게도 이런 감정을 불러일으키기 위해 모욕과 험담 그리고 허황된 내용이 담긴 메일을 여기저기 보내는 것은 아닐까? 메일을 보내는 순간, 그는 단 한 번일지언정 일종의 힘을 느꼈을 것이다. 무력감과는 다른, 힘이라고 불릴 만한 무언가를 말이다. 타인에게 무기력을 유발하는 행위는 자신의 내면에 자리한 두려움에 대항하는 수단이기도 하다.

불필요한 에너지 소모는 줄이는 것이 좋다. 그래야 본업에 충실할 수 있다. 그럼에도 나는 본인에게 주어진 어떤 기회를 흘려보내서는 안 된다고 생각한다. 나의 위치를 확실히 해주고 모두에게 평온함을 가져올 수 있는 기회가 있다면 품이 조금 들더라도 마다하지 않으려 한다. 다른 이들을 위해 그리고 나 자신을 위해.

이메일에 답장을 보낸 것도 그 일환이라 할 수 있다. 그것 또한 품위 있는 행동이기 때문이다.

내가 친구에게 물었다.

"이상하지 않아? 지금 우리가 살고 있는 유럽은 그 어느 때보다 많은 자유가 주어졌어. 우리가 원하는 대로 마음 껏 다른 이들과 함께 살아갈 수 있단 말이지. 이제 동성애 자라고 해서 처벌받을 일도 없고, 가고 싶은 곳이 있으면 여행을 떠날 수도 있어. 외모도 자기 마음대로 다양하게 꾸밀 수 있고, 선거에서 원하는 사람을 뽑을 수도, 아니면 자기가 후보로 나설 수도 있는 세상이지. 음악이나 문학 등의 예술이 지금처럼 다채로웠던 시대도 없어. 한데 이 렇게 다채롭고 개방적인 시대에 오히려 스스로에게 엄격 한 규칙을 강요하는 이들이 더 많아졌다는 게 이상하지 않아?"

"규칙이라니? 정확히 무슨 뜻이야?"

"앞에서도 이야기했지만, 예를 들어 음식 문제를 생각해 봐. 예전에는 우리가 언제 무엇을 먹어야 하는지도 교회 의 규정에 따라야 했어. 금식 기간이며 축제 기간이 정해 져 있어서 거기에 맞춰 음식을 먹고 또 금식하기도 했지. 그런데 오늘날에는 각 개인이 알아서, 자신이 언제 무얼 어떻게 먹을지 결정하잖아. 이렇게 결정의 자유가 주어 졌는데 도리어 교회의 규칙보다 더욱 엄격하게 스스로를 통제하는 경우가 많단 말이지."

"내가 오래된 이야기 하나 해줄까? 수십 년도 더 된 얘기야. 내가 대학에서 공부를 하려고 고향인 시골 마을을 떠나 뮌헨이라는 대도시로 나왔을 때, 내 앞에는 어마어마한 자유가 펼쳐져 있었어. 하지만 그때 나는 이 자유를 가지고 무엇을 어떻게 해야 할지 전혀 몰랐어. 자유 앞에서 나는 오롯이 혼자였기 때문에 불안과 두려움에 몸 둘바를 몰랐지. 뮌헨에는 아는 사람이 아무도 없었어. 대학에서도 나는 수천 명 속에서 마치 섬처럼 혼자였지. 내가 학업을 끝까지 마칠 수 있을지, 직업이란 걸 가질 수나 있을지, 그때 나는 아무런 생각이 없었어. 친구도 하나 없었고 누군가를 사귀는 것조차 너무 어려웠어. 아무튼 나에게는 모든 것이 힘들게만 느껴졌어. 그래서 나는 뭘했을까? 나 자신을 지키기 위해 당시 나는 몇 가지 대책을 마련했는데 그중 하나는 매일 아침 버터 바른 빵을 세 개씩 먹는 거였어. 더도 말고 덜도 말고 딱 세 개. 배가 엄청나게 고프든 식욕이 별로 없든 상관없이 아침마다 그렇게 먹었어. 이 얘기를 털어놓는 것조차 나에겐 수치이자 고통이야. 그때를 떠올리면 여전히 아프거든. 하지만 실제로 나는 이런 사소한 식사 의식을 거행하면서 내 삶의 불확실성을 잠재우고 싶었어. 날마다 이 의식을 마치면서 당시 내 인생에 엄습했던 거대한 불안이 조금이나마 해소될 거라 믿고 싶었던 거지."

나는 더 말하려 했지만 친구가 내 말을 가로막았다.

"더 특이한 일도 있는데, 들어볼래? 내 딸은 2년 전부터 베를린에서 살고 있어. 대학에 자리가 나길 기다리며 학업에 도움이 될 만한 인턴 자리를 찾고 있지. 어떻게 보면 무한한 가능성이 있는 시기이지만 아이 입장에선 그렇지 않은 모양이야. 불안감과 불확실성으로 힘든 나날을 보내고 있어. 그래서 무슨 일이 벌어졌는지 알아? 갑자기 아이가 채식주의자가 됐어. 아주 호전적인 스타일은 아니야. 우리를 설득하려고 애쓰지는 않으니까. 하지만 스스로에게는 엄격하지. 그렇게 내 딸은 자기 인생에 새로운 규칙을 세워놓고 그걸 철저히 지키고 있어. 아마도 불확실한 현실 속에서 최소한의 보호막이 필요했겠지. 채식이라는 식사 규칙은 일종의 보호막 역할을 해줄 테고. 내가 이런 말을 하면 아이는 절대 아니라고 하겠지. 채식주의가 개인의 삶뿐 아니라 정치·사회적으로 얼마나 의미 있고 중요한지 논하려 할 거야. 그렇지만 그 의견이 상당 부분 타당하더라도, 채식주의가 내 딸의 심리 상태를 완전히 바꾸어놓을 수는 없어. 어느 정도 보호막은 되겠지만 해결책은 아니라는 거지. 게다가 채식이라는 행위가 세상을 완전히 바꿀 수도 없어, 안 그래?"

"다시 너의 맥주 이야기로 돌아온 것 같네."

"그게 무슨 말이야?"

"그러니까 내 말은, 우리 인생이 워낙 복잡한 데다 세상에 놓인 거대한 문제들 또한 개인적 차원에서 해결할 수 없다는 생각이 기본적으로 깔려 있잖아. 그래서 어쩌면 우리는 뭔가를 통제하는 '감정'을 통해 일종의 무기력에서 벗어나려는 것 같아. 하지만 나름의 규칙을 고수하면서 생의 일부를 통제한다고 문제가 해결되는 것은 아니지."

"도대체 누가 그런 어리석은 소리를 해? 세상 문제는 개인적 차원에서 풀 수가 없어. 개인이 해결할 수 있다고 믿는 사람이 바보인 거지. 개인이 할 수 있는 건 주변에 놓인 한두 가지 작은 문제가 더욱 악화되지 않도록 애쓰는 것뿐이야. 나 또한 그러려고 노력 중이고."

"나도 그렇게 생각해. 그런데 가령 유기농 가게를 찾는 사람들을 보면 올바른 소비를 실천하기 위해 삶의 기쁨을 반감시키는 듯해."

"올바름을 실천하는 행위에 대해선 따로 할 말이 없네. 그건 개인의 신념이니까."

"맞아. 타인이 왈가왈부할 수는 없지. 그 와중에 흥미로운 지점이 하나 있어. 나름의 올바름을 추구하고 실천하

는 사람들을 보면 우리 마음속엔 양가적인 감정이 생겨
난다는 거야. 그들을 보면 즉각적으로 성가시다는 기분
이 들어. 왜 그렇게 피곤하고 번거롭게 사는 걸까 싶기도
하고. 그러면서도 한편으론 그들과 합의점을 찾으려 하
지. 서로 어긋나는 부분을 맞춰보려고 노력하는 거야. 우
리 인간이 그래. 나와 다르더라도 어떻게든 조율을 시도
하지. 나는 그 점이 마음에 들어!"

"나에게는 원대한 꿈이 하나 있는데, 바로 이 세상을 구
하는 거야. 이를 위해 다양한 계획을 세웠지. 나의 '세계
구제 계획' 속에 뭐가 들어 있는 줄 알아? 세계를 구하려
면 먼저 인생의 확실한 즐거움부터 확보해야 한다는 거
야. 생이 즐거워야 이 세상도 구할 수 있으니까."

친구는 이렇게 말하며 잔에 담긴 맥주를 크게 한 모금 넘
겼다.

≈

이와 관련하여 주목할 만한 책이 하나 있는데, 바로 사회
심리학자 에른스트 디터 란터만의 《불안 사회》이다. 책에서 저
자는 우리에게 "예측 가능하고 확실하며 안정적이고 통제 가능
한 것"을 원하는 기본 욕구가 있다고 언급한다. 하지만 지금 우
리는 세계화와 디지털화로 인해 예전보다 훨씬 낮은 수준의 안

정성과 확실성 속에 살고 있다. 란터만은 "이러한 기본 욕구들이 지속적으로 채워지지 않으면 우리 인간은 불확실성이 가득한 생을 경험함으로써, 개인의 자긍심과 자존감이 심각한 위험에 처하게 될 것"이라고 경고한다. 그러면서 "이런 고통스런 경험에 너무 오래 휘둘리지 않으려면 각 개인이 자신의 안전과 확실성을 스스로 확보해야" 한다고 말한다.

그래서 그런 것일까? 이러한 시선으로 보면 외국인을 증오하는 사람, 전투적인 채식주의자 및 엄격한 채식주의자인 비건, 만보계로 무장하고 몸을 최적화하기 위해 애쓰는 사람 그리고 과격한 동물 보호 운동가들에게서 하나의 공통점이 발견된다. 즉 이들은 확실성이 보장된 자신만의 세계를 만들어 그 안에서 안정을 누린다. 그 세계는 옳고 그름이 분명히 정해져 있으므로 어느 편에 서야 하는지 혼란을 느낄 일이 없다. 보통의 현실 세계는 모든 것이 불투명하고 예측이 불가능하며 통제도 어렵다. 따라서 현실 세계에서는 나 자신이 아무것도 아닌 것처럼 느껴지며, 누구도 나에게 무언가를 묻지 않는다. 설령 묻는다 하더라도 제대로 된 답을 할 수가 없다. 또한 이 현실 세계에서는 대단하든 미미하든 간에, 인생이 발전할 것이라고 장담할 수가 없다. 이런 이유로 사람들은 자기만의 세계를 세운다. 현실 세계에서는 자기 자신이 완전히 무의미한 존재로 느껴지기 때문에 이를 견딜 수 없어 확실하고 안전한 세계 속으로 들어가는 것이다.

∽

친구가 말을 이었다.

"그건 전혀 새로운 현상이 아니야. 원래 인간은 자기가
잘 알고, 자기 자신이 잘 드러나는 곳에서 살려고 하지.
그래서 모형 철도 모임 같은 데 들어가서 서기도 맡고 그
러잖아. 독일에 조합이나 협회가 많은 것도 다 그런 이유
때문이 아닐까? 인간의 원초적인 소망에 토대를 두었다
고 볼 수 있지."

"그래. 네 말이 맞아. 하지만 내가 여기서 말하고 싶은 건
조금 다른 문제야. 그러니까 내 말은…."

"그리고 하나 더. 외국인을 혐오하는 사람과 채식주의자
를 한데 묶어서 취급하는 건 아니라고 봐. 혹시 채식주의
에 반대하는 거야?"

"반대할 마음은 결코 없어. 찬성하고 반대할 문제도 아니
고. 누군가 완전 채식주의자가 되든 부분적으로 채식을
하든 나는 충분히 이해할 수 있어. 그들은 오늘날 널리
행해지는 공장식 대량 축산 시스템을 불편하게 여기고,
이를 더 이상 참을 수가 없어서 채식을 선택한 것이니까.
그건 굉장히 품위 있는 태도라고 생각해. 단 채식주의자

가 아닌 사람들에게도 품위 있는 자세를 견지하면서 자신의 주장을 제안하고 자신과 다른 의견도 기꺼이 받아들인다면 말이야. 예컨대 어떤 사람들은 동물을 각 종에 적합한 방식으로, 체계적이고 합리적으로 사육한다면 먹어도 문제될 게 없다고 주장해. 이런 생각에도 열려 있다면 정말 품위 있는 채식주의라 할 수 있지."

"내 생각도 그래."

"그런데 내가 지금 쓰고 있는 책은, 사람들이 더 이상 타인의 견해를 수용하지 않으려는 현실에 초점이 맞춰져 있어. 그러면서 계속 질문을 던지는 거지. 왜 이렇게 변하고 있을까? 왜 이렇게 많은 사람들이 극단적으로 치닫는 걸까? 점점 더 과격해지고 극과 극으로 달리는 현실은, 인간의 공존에 어떤 의미를 가지는 걸까? 하고 말이야."

∽

요즘 인터넷 게시판이나 기사를 보면 기본적으로 독선적이고 가르치려 드는 어조가 깔려 있다. 자신의 의견이 확실히 옳다고 여기며 다른 견해는 들으려 하지도 않는 것이다. 이처럼 무언가를 반드시 해야만 한다는 식의 말투는 다수의 사람들에게 불편한 감정을 유발하며 그 게시물에 담긴 생각이 일부 타당하더라도, 그리고 진실 추구에 어느 정도 이바지했더라도 왠지 모를 거부감을 가지게 한다. 인터넷 공간에서 새로운 것을 배우고 지적 호기심을 채우고자 하는 사람들에게 독단적인 어투의 게시물은 반감을 불러일으켜 호기심조차 사라지게 한다.

오늘날 수많은 사람들이 자발적으로 급진주의화되고 있다. 이들은 낯설고 생소한 모든 것을 증오로 느끼며 이 증오라는 감정 속으로 도망친다. 그로 인해 어떤 이들은 영양 섭취 면에서 극단적 방법만이 세상을 구할 것이라고 믿으며 그쪽으로 빠져들고, 건강에 집착하는 이들은 자신의 몸에 모든 것을 걸며 완벽한 육체를 가지려 애쓴다. 또한 정치적 올바름에 매달리는 사람들은 언어에 엄격한 법칙을 정해놓고 무슨 일이 있어도 이를 지키려 한다. 이 모든 현상들은 불안이 극심해진 우리 사회의 단면이라 할 수 있다. 불안정과 불확실성이 만연한 현실 속에서 각 개인이 나름의 안정감과 자존감을 확보하기 위해 찾아낸 대안인 셈이다. 개인들의 이런 행보는 결국 광적으로 치달아 다른 사람들과 새로운 것을 향해 벽을 쌓게 하고 이견에 부딪혔을 때 조율하는 능력을 떨어트린다.

란터만은 자신의 책에 우리 사회가 역동적으로 변화하고 셀 수 없이 많은 다양한 면이 생겨나면서 개인 삶의 확실성이 파괴되었다고 적었다. 따라서 현대 사회의 개인들은 더 이상 자신의 삶을 자기 뜻대로 이끌어갈 수가 없다. 끊임없이 변화하는 조건 속에서 무탈하게 살아가려면 고도의 유연성과 신속

한 적응력이 따라주어야 하기 때문이다. "불확실성과 예측 불
가능함은 우리가 인정하든 말든 상관없이 현대인이라면 당연
히 겪어야 하는 기본적인 경험이 되었다."

　앞서 언급했듯이 우리에게 어마어마한 자유가 주어지자
상당수의 사람들은 새로 주어진 자유를 즐기면서도 위험을 감
수해야 한다는 부담감을 느끼게 되었다. 그러면서 나름대로 위
험에 대비할 방안들을 마련했다. 비록 오늘날 모든 인간이 동
일한 자유를 누리게 되었지만, 그렇다고 "이 사회 안에서 스스
로를 발전시키고 이익을 도모하는 데 모두가 똑같은 수단과 자
원을 동원할 수 있는 것은 아니다." 란터만은 이 점을 간과해
서는 안 된다고 지적한다. 무한한 자유 속에서 사회적 안전망
이 결여된 삶을 꾸려가는 사람들이 적지 않으며, 이들은 과중
한 부담과 위협에 그대로 노출되어 있다. 이들은 "불안하고 무
기력하며 방향성을 잃은 데다 세상에 홀로 남겨졌다는" 기분을
느낀다. 란터만은 이렇게 말하며 이 같은 강렬한 감정들이 여
럿으로 분산된 것이 아니라, 한 사람 한 사람이 이 모든 감정을
집중적으로 느낀다고 부언한다.

　높은 자존감, 긍정적인 자존감을 향한 바람은 인간의 본능이
며 쉽게 포기할 수 없는 확고한 기본 욕구이다. 그러므로 이를
등한시한다는 것은 자멸을 의미하므로, 우리는 무슨 일이 있

어도 자존감을 고수하려 한다.

여기서 우리가 주목할 부분은 두 가지다. 먼저, 안전은 인간의 기본 욕구 중 하나라는 것이다. 두 번째로, 인간은 긍정적인 자아 존중감을 느끼길 원한다. 위에서도 이야기했지만, 그 결과 사람들은 붙잡을 것을 찾게 되었다. 채식이든 외국인 중오든 몸에 대한 집착이든 어디 한곳에 광적으로 매달리면 의심의 여지가 없는 폐쇄된 시스템 안에서 단순한 진실만을 추구하면 된다. 한 가지 전제가 있다면 충격이나 동요를 막아줄 든든한 방호벽을 세워야 한다. 인터넷상의 단호하고 독단적인 어조는 아마도 그런 이유에서 등장했을 가능성이 높다. 이들은 본인이 철석같이 믿는 진실을 뒤흔드는 모든 것을 위협으로 느낄 뿐 아니라 그로 인해 온 세계관이 흔들림으로써 스스로의 안전이 통째로 위협받는다고 여긴다. 따라서 광적으로 무언가에 집착하는 사람들은 위험이나 위협이 될지도 모를 작디작은 징후에도 점점 더 편집적으로 주의를 기울이는 경향을 보인다. 이에 란터만은 다음과 같이 덧붙인다.

그들은 도처에서 적의 낌새를 느끼며 타인의 모든 발언이나 표현에서 위협이 될 만한 의심스런 증거를 찾아낸다. 그러면서 두려워하고 경계하며 회피한다.

이런 사람들은 당연히 자기중심적일 수밖에 없다. 이들은 본인의 안전을 확보하기 위해 특정 집단에 속하는데, 이때 이 집단에 속하지 않는 사람들은 배척 및 투쟁의 대상이 된다. 집단 외부에 있는 사람들은 이들에게 위협이 된다. 이들이 추구하는 가치를 받아들이지 않기 때문이다. 이렇게 되면 품위나 정의, 연대감 등의 가치들은 동일한 가치로 한데 묶여 똑같이 취급되고 만다.

자신의 몸을 최적의 상태로 유지하기 위해 수단과 방법을 가리지 않는, 이른바 자가 건강 측정에 빠진 사람은 최적화된 건강이라는 목표를 달성하고자 많은 것을 희생하고 포기할 준비가 되어 있다. 광적인 채식주의자도 같은 맥락이다. 이들 중 일부는 자신의 육신과 동물 복지에 열성을 다하면서도 중증 질환 때문에 평생 운동도 하지 못하고 형편없는 음식으로 연명하는 환자들에게는 연민을 느끼지 않는다. 또한 외국인을 증오하는 이들은 그저 증오의 감정을 가질 뿐, 난민이나 외국인 또는 망명 신청자들에게 절실히 요구되는 도움이나 연대감에 대한 도덕적 의무에는 침묵한다. 이러한 자기중심적 불청객들이 사회의 엘리트층과 여론 주도층으로 흘러들어 기존의 사회적 연대 및 존중을 뒤덮어버린다면 어떻게 될까? 독일 민족의 근본을 파괴하며 제 손으로 무덤을 파고 있는 이들을 우리는 어떤 시선으로 보아야 할까?

⌇

친구가 답했다.

"나는 인간의 그런 모습들이 참 흥미로워. 폐쇄성이라든지, 항상 새로운 집단을 형성하려는 특성 말이야. 실제로 인간은 작은 집단이라도 어떻게든 구성하려고 하지. 언제나 그런 집단을 찾아 헤매기도 하고."

"젠더 논쟁을 한번 생각해봐. 여태까지 우리 인간은 성 정체성에 대한 논쟁을 수없이 벌였지만, 그 본질에 한 걸음도 가까워지지 않았어. 그리고 이 정체성에 관한 질문만큼 우리를 두렵게 하는 문제도 드물지. 성 정체성에 대한 이야기만 나오면 다수의 사람들은 왠지 모르게 기피하며 본질에 접근하려 들지 않아. 남성 동성애자를 증오하는 남성들의 상당수는 아마도 스스로가 동성애자일 거야. 하지만 누구도 이 사실을 인정하려 하지 않지."

"그렇게 생각하는 이유가 뭐야?"

"젠더 이슈를 두고 논쟁이 한번 벌어지면 뜨겁게 달궈지는 반면 종종 방향을 잃는 경우가 많아. 예컨대 한쪽에선 남자도 여자도 되고 싶지 않은 사람을 위해 제3의 화장실을 만들어야 하지 않느냐며 다소 극단적이고 허무

맹랑한 주장을 펼치곤 하지. 그러면 또 다른 쪽에선 지금 화장실을 논할 때가 아니라며 젠더 이슈는 생존에 직결되는 문제라고 맞받아쳐. 그러고 나면 무슨 일이 벌어질까? 그들 안에서 또 두 집단으로 갈려서는 서로를 배척하고 공격하게 되지. 젠더라는 단어를 정말 제대로 이해하려면 외국어를 배우듯이 접근해야 해. 독일어에 있는 대명사의 성性을 다 떼어내고, 이것·그것·저것 같은 지시대명사를 또 다른 어휘로 대체하면서 말이야. 여성 독자, 남성 독자를 구분해서도 안 되고 그저 중성인 독자만 존재한다고 생각해야 하는 거지. 언젠가 《차이트 매거진》에 실린 베를린 출신의 작가이자 성 연구가인 패치 라모르 라러브의 글을 하나 읽은 적이 있어. 칼럼에서 그녀는 베를린홈볼트 대학교에서 열린 '대명사' 관련 젠더 세미나를 다루었어. 세미나가 시작되자 그 자리에 모인 사람들은 하나같이 이렇게 말했다지. '그 혹은 그녀를 그녀 혹은 그로 바꾸거나, 아니면 아예 중성적인 대명사로 바꿔 불러야 하지 않을까' 하고 말이야. 나중에 어느 남학생은 '그라는 잘못된 표현 대신 차라리 그를 모두 그녀로 바꾸어 부르자'고 주장했대. 다음번 세미나에서 그 학생은 자신의 주장에 법적인 문제가 없는지 검토하기 위해 문서를 작성해서 참가자들에게 보여주기도 했다더군."

"그런 논의는 전에도 있었어. 일종의 자기비판이랄까. 독일어에서는 특히 성이 중요하니까."

"하지만 그렇게 논의해봐야 결국 절망감에 빠지게 될 거야. 왜 이 사람들은 하필 이렇게 어려운 문제를 붙들고 있는 걸까?"

∽

지금 우리는 거짓에 쉽사리 빠질 수 있는 시대에 살고 있다. 근본적으로 인간은 이성적인 존재가 아니다. 이성적으로 살고 싶어 하지만 실상은 정반대다. 인간의 비이성적인 특성은 우리 사회 곳곳에서 드러나고 있다. 우리는 무리를 이루어 사는 동물이다. 그런데 인간의 군집 특성은 여타의 군서群棲 동물과는 다른 양상을 보인다. 즉 우리 인간은 유전적 성향과는 별개로, 무리를 이루며 더불어 살게 된 것이다. 독일의 소설가이자 영화 감독인 알렉산더 클루게는 "반실재론의 감정"을 언급하며 인간에게 "반실재적 충동"이 있다고 주장한다. 그의 논지를 풀면 다음과 같다. 인간에게는 '호모 에코노미쿠스homo economicus'에 대한 신념이 있다. 즉 우리 인간은 스스로 경제적이고 합리적이라고 생각한다는 것이다. 하지만 현실과 이상은 그리 부합하지 않는다. 인간은 우리가 생각하는 것만큼 그렇게 합리적이지 않으며, 이성적 판단을 바탕으로 행동하는 편도 아니기 때문이다. 그러면서 클루게는 이렇게 부연한다.

인간은 횡격막이나 심장과 같은 기관들에 단단히 고정되어 있는데 이 모든 기관들은 결코 지성적이지 않다. 인간의 몸과 마음을 이루는 기관들은 불쾌한 현실을 있는 그대로 받아들이는 것보다 차라리 왜곡하고 날조하기를 즐긴다.

"미국을 다시 위대하게 만들자Make America Great Again"(2016년 미국 대선 당시 트럼프의 슬로건. ─옮긴이)라는 구호를 따르는 사람들, 브렉시트를 지지하는 사람들, 르 펜과 오르반(우파 포퓰리즘 성향의 헝가리 총리. ─옮긴이) 그리고 카진스키(미국의 수학자이자 테러리스트. ─옮긴이)의 추종자들은 모두 한결같이 잃어버린 과거의 안정을 그리워한다. 그러나 트럼프, 나이절 패라지(극우 포퓰리즘 성향의 영국 정치인. 브렉시트당 대표. ─옮긴이), 보리스 존슨(브렉시트 강경론자인 영국 총리. ─옮긴이)처럼 반복적으로 거짓을 일삼는 인물들이 이끄는 정치는 아무런 변화도 가져오지 못했다.

한편 오늘날 인터넷이 가진 이미지는 영국의 공상 과학 작가 허버트 조지 웰스가 1938년에 펴낸 수필집《월드 브레인》을 떠올리게 한다. 이 책에서 웰스는 범세계적 백과사전을 개발하여 정보가 대중화되는 사회를 꿈꿨다. 이를 위해 정보의 복사와 공유를 가능케 하는 마이크로필름 같은 문서 복사 기술이 필요하다고 주장했다. 오늘날 마이크로필름 대신 컴퓨터와 인터넷 기술이 집집마다 자리했으나, 웰스가 상상했던 정보의 대중화와 무척 닮아 있다. 인터넷은 모두가 진실에 쉽게 접근할 수 있도록 통로를 제공한다. 하지만 동시에 인터넷은 거짓에 노출될 가능성 또한 활짝 열었다. 심지어 너무도 뻔뻔하게, 부끄러움도 없이, 굉장히 효과적인 방식으로 거짓이 널리 유통될 수 있는 발판을 마련했다. 거짓은 일반적인 지식과 같은 속도로 빠르게 확산되는데, 문제는 거짓이 진실보다 끈질기며 침투력도 세다는 것이다. 스케일이 큰, 엄청난 거짓말쟁이들은 가능한 한 많은 거짓말을 대담하고도 뻔뻔하게 유포함으로써 사람들이 지금까지 믿어온 진실을 오히려 거짓으로 느끼게끔 만든다. 거짓의 홍수 속에서 사람들은 사실과 허구의 차이를 더 이상 구별할 수 없게 되는데 이는 거짓 유포자들의 목적이기도 하다.

　대표적인 예로 보리스 존슨을 꼽을 수 있다. 현재 영국 보수당 소속 총리인 그는 2016년 브렉시트 국민 투표 당시 영국이 유럽 연합에 매주 3억 5000만 파운드를 지불하고 있다고 끈질기게 주장하며 브렉시트 찬성을 이끌어낸 바 있다. 그러나 이는 명백한 거짓말이었다. 실제로 영국이 유럽 연합에 지불하는 기여금은 그보다 훨씬 낮은 1억 1000만 파운드에 불과했다.

블라디미르 푸틴 역시 거짓과 속임수, 모호함과 은폐로 진실을 가리는 데 전문가이다. 그는 거짓말의 예술가라 할 정도로 매우 탁월한 방식으로 진실을 덮는데, 그에게는 나름대로 성공의 원칙이 있다. 말하자면 이런 식이다. 2014년, 러시아 정부의 정보기관인 연방보안국은 스포츠 선수들의 약물 사용에 직접 관여했다. 또한 2017년, 푸틴은 상트페테르부르크에서 열린 국제축구 연맹 컨페더레이션스컵 개막식에서 이런 말을 남겼다.

"축구는 나라와 대륙을 하나로 합해야 하며, 우리는 페어플레이와 같은 소중한 가치들을 끝까지 고수해야 합니다."

거짓과 은폐 면에선 실로 대단한 실력자이다. 도널드 트럼프는 말할 것도 없다. 그에게 진실은 중요하지 않다. 진실이 무엇이든 그와는 아무런 상관이 없으며, 거짓을 말할 때면 그는 아마 더 이상 진실을 알고 싶은 마음도 없을 것이다.

이와 관련하여 데이비드 미켈슨의 말은 꽤나 인상적이다. 인터넷에 떠다니는 기사 및 이야깃거리의 진실을 검증하는 포털 사이트, '스노프스닷컴snopes.com'의 설립자인 미켈슨은 《가디언》과의 인터뷰에서 이렇게 밝혔다. 그는 현재 우리가 '탈진실의 시대'에 대해 제대로 이야기할 수 있는지조차 확실하지 않다고 말하며 "이제 막 수문의 문이 열려서 모든 것이 흘러넘치고 있는데, 진실과 거리가 먼 허튼소리들은 우리가 펌프질하는 속도보다 훨씬 더 빠르게 흐르고 있다"고 지적했다.

하필이면 지금 우리 시대에 너무도 뻔뻔한 거짓말들이 이처럼 성공을 거둘 수 있는 이유는 무엇일까? 그 저변에는 인간의 특성이 깔려 있다. 즉 우리는 항상 진실에만 관심이 있는 건 아니다. 이유가 뭘까? 때때로 우리는 진실이 아닌 다른 무언가를 더욱 중요하게 여기기 때문이다. 그렇다면 진실보다 더 중요한 것은 무엇일까?

인간에게는 아주 오래된 갈망이 하나 있다. 그것은 바로 세상을 명쾌하게 설명해주며 세상을 보다 단순하고도 이해하기 쉽도록 만들어주는 '이야기'를 향한 그리움이다. 단순 명료하고 방향성을 제시하며 의미를 부여하는 이야기가 존재할 때 인간은 안정을 느낀다. 이러한 욕구는 현실 세계에서는 채워지기가 힘들다. 현실은 너무 복잡하고 고단한 일들로 얽혀 있기 때문이다. 주어진 상황이 더욱 어렵고 복잡해질수록 단순함에 바탕을 둔, 문제 해결책을 가진 지도자를 향한 갈망이 더욱 커진다. 세상을 간단 명료하게 해석하며 "내가 여러분들을 위해 다 해결하겠다"고 말하는 지도자에게 마음이 쏠리는 것이다. 설령 그가 거짓말을 하더라도 사람들은 거짓 여부에는 관심이 없다. 중요한 건 사실이 아니라 감정이다. 이때 유발되는 감정은 몹시 강렬해서 사람들은 이 감정에 부합하지 않는 현실과 진실을 받아들이지 않는다.

앞에서 이미 소개한 유발 하라리는 《사피엔스》를 통해 이야기가 인간의 결합과 연대에 얼마나 중대한 역할을 했는지를 매우 논리적으로 풀어낸다. 여기서 이야기의 옳고 그름은 중요하지 않다. 인간이 만들어낸 이야기의 목적은 진실의 전달이 아니기 때문이다. 한 예로 가톨릭교회는 전 세계를 아우르는 조직으로 신을 향한 신앙에 바탕을 둔다. 그러나 신이 실제로 존재하는지 여부는 아무도 모른다. 가톨릭교회의 핵심은 신의 실존을 함께 확신한다는 데 있다.

책에서 하라리는 인류가 어떻게 150명이라는 마법의 경계를 넘어 보다 거대한 집단을 이루며 협력하게 되었는지를 자세히 논한다.

원시 부족에서부터 비롯된 대규모 집단의 운영은 고대 도시를 거쳐 중세 교회 그리고 근대 국가로까지 이어졌는데 이는 집단이 공유하는 공통의 이야기가 굳건히 뿌리를 내렸기에 가능했다. 이 이야기들은 오직 인간의 머릿속에만 존재한다. 이를테면 신·국가·돈·인권 그리고 법처럼 인간의 집단적 상상의 세계에만 존재하는 이야기들이 수많은 사람들을 하나로 결합시키는 것이다.

다른 모든 생물과 달리 인간은 언어를 지니기 때문에 이같은 이야기들을 서로서로 나누고 전하는 일이 가능하다. 또한 인간은 이야기를 스스로 만들어낼 수도 있다. 하라리의 주장은 우리가 이 책에서 다루는 내용과 다소 거리가 있어 보일 수 있다. 하지만 결코 그렇지 않다. 하라리가 거론한 이야기의 힘은 우리가 어떤 가치를 공통으로 확신하게 될 때 인류에게 미치는 영향을 여실히 보여준다. 예컨대 품위와 같은 가치 말이다. 품위 역시 우리 인간이 함께 이루어낸 가치이다. 품위라는 가치를 공통으로 확신하는 사회는 올바른 행동과 태도가 무엇인지를 알고 이를 절실히 소망할 때 비로소 형성될 수 있다.

∽

친구가 말을 꺼냈다.

"요즘 포퓰리스트들은 그 이야기의 힘을 빌려 대중에게 뭔가를 유발하는 것 같아."

"무슨 뜻이야?"

"예를 들면 에르도안처럼 말이야. 헌법 개정안 국민 투표를 두고 논쟁이 절정으로 치달았을 때 에르도안은 오히려 독일과 네덜란드를 몰아세웠지. 독일 정부가 터키의 개헌안 지지 집회를 허용하지 않자 에르도안은 나치 시대와 다르지 않다며 독일을 비난했어. 또한 네덜란드가 터키 외무장관 전용기의 공항 착륙을 거부하자 네덜란드 정부를 향해 나치의 잔재이며 파시스트라고 맹비난을 퍼부었잖아. 그때 사람들은 엄청나게 분노했고 문득 '격세감'을 느끼면서 생각이 과거로 되돌아갔지. 본질은 터키의 헌법 개정안과 국가 간의 외교 문제였는데 결국 모든 여론은 분노로 이어지고 말았어. 그의 도발적인 발언에 휘둘리고만 거야. 사실이 무엇이든 중요하지도 않았고."

"그런 걸 보면 우리 인간은 참 재미있어. 그 무렵 터키에서는 프랑스 국기를 네덜란드 국기라 착각해서 불태우는 일도 있었지. 두 나라 국기 모두 파랑·하양·빨강으로 되어 있잖아. 프랑스는 세로로, 네덜란드는 가로로 배치되어 있을 뿐 큰 차이가 없으니 모르는 사람이 보면 헷갈리기도 할 거야. 게다가 이스탄불에서 열린 어느 반네덜란드 시위에서는 당시 프랑스 대통령인 프랑수아 올랑드 François Hollande의 사진을 들고 있기도 했어. 아마 구글에서 홀란드 Holland를 검색한 모양이야. 네덜란드를 타도하자면서 올랑드를 물리치자고 주장한 셈이 되었지. 이걸 어떻게 이해해야 할까? 그런 잘못된 사진을 들고 그들은 무엇을 원했던 걸까?"

"유머는 인간이 지닌 가장 세련된 반응이기도 해. 하지만 그러면서도 우리 안의 깊은 곳에 자리한 미개함을 건드리기도 하지."

"글쎄, 정말 그럴까? 인간의 야만성과 미개함은 정말 저

깊은 곳에 숨어 있는 걸까? 예전부터 이런 말이 있었지. 문명이란 혼돈을 덮는 얇은 막에 불과하다고 말이야. 지금 우리 시대는 그 얇은 막이 손상되어 차츰 벗겨지는 것처럼 보여."

"인간은 때때로 정상에서 벗어난, 미개하고 원시적인 모습을 보이곤 하지. 축구 경기를 봐. 그리고 정치에서도 종종 그런 모습을 볼 수 있잖아."

"그래. 네 말이 맞아. 그렇지만 축구 경기는 정해진 규칙이 있는 일종의 의식이잖아. 장소도 경기장으로 제한되어 있고. 축구는 우리 안에 깊이 숨겨진 것을 드러나게 해. 또한 그렇게 드러내고 분출함으로써 삶을 충분히 즐길 수 있게 도와주지. 인간의 내면을 보다 잘 이해할 수 있도록 가능성을 제공하기도 하고. 축구는 인류의 위대한 업적을 보여주는 증거라고 할 수 있어. 각각 경쟁 팀의 팬이기 때문에 서로 결코 좋아할 수 없으며 심지어 적의를 품을 수도 있는 수만 명이 경기장이라는 한 공간에 모여 경기 후에 서로를 죽이지도 않고 무사히 헤어진다는 게 놀랍지 않아? 우리가 어디에서 왔는지, 우리의 조상이 어땠는지를 곰곰이 생각해보면 축구는 실로 경이로운 현상이지. 한편으로 스포츠는 우리 인간이 고유의 감정과 본능 그리고 기본적인 욕구로부터 벗어날 수 없음을 상기시켜줘."

"그런데 너 말이야. 처음엔 정반대의 예를 들지 않았어?"

"맞아. 그랬지. 내가 진짜 문제라고 생각하는 부분은 뭔가 조금씩 달라지고 있다는 사실이야. 쉽게 말하면 많은 것들이 점차 더 거칠어지고 잔인해지고 있잖아. 축구 경기도 원래는 지금보다 더 세련되고 신사적이었다고."

"예를 좀 들어봐."

"그런 예는 우리 일상에 널려 있어. 가령 네가 차를 타고 시내에 나와 주차 자리를 찾는다고 생각해봐. 오랫동안 찾아 헤맨 끝에 너는 자리를 하나 발견했지. 그런데 네가 주차하려는 순간, 다른 누군가가 잽싸게 그 자리를 차지했어. 그럼 무슨 일이 벌어질까? 마치 동물들처럼 영역 다툼이 일어날 거야. 그때 네 앞에는 선택지가 놓이게 되지. 남에게 영역을 뺏긴 야생 멧돼지처럼 거칠게 행동하거나 아니면 야만적 수준으로 떨어지지 않기 위해 상대방에게 자리를 양보할 수도 있어. 이런 비슷한 상황은 우리 현실에서 끊임없이 일어나. 전에 나는 시골에서 농가 근처의 작은 집에 머문 적이 있어. 그 농가는 펜션으로 사용되어서 휴가차 들른 여행객들이 빈번히 드나들었지. 그들은 나와 마주칠 때마다 자신들이 이곳에서 얼마나 자주 휴가를 보냈는지 그리고 농가와 농장 주인을 얼마나 잘 아는지 설명하려 했어. 다시 말해 그 농가가 자신들의 영역이라고 선포하려는 태도인 거지. '여기는 내 공간이다!'라고 말하고 싶었던 거야."

"그럴 땐 어떻게 해야 하지?"

"그냥 웃을 수밖에. 아니면 그들처럼 나도 이 동네에서 얼마나 오래 살았는지 설명하면서 이기려고 하거나. 하지만 그러고 싶진 않았어. 꽤 피곤하고 힘든 일이니까. 무엇보다 너무 바보 같은 일이라 생각했어. 문득 '어리석은 사람들과 절대 토론하지 말라'고 했던 마크 트웨인의 말이 떠오르더군. 그건 그렇고 요즘 나는 콰메 앤터니 애피아의 《세계 시민주의》를 읽고 있어. 애피아는 런던에서 태어나 가나에서 성장해 뉴욕에서 철학을 가르치는 철학자이지."

"세상에, 무슨 인생이 그렇게 파란만장해! 전 세계를 무대로 삼고 있네. 그 사람은 분명 우리가 전혀 겪어보지 못한 경험들을 했을 거야. 그걸 나누는 것만으로도 세상에 큰 도움이 되겠어! 안 그래?"

"응, 그렇지. 애피아는 책에서 유발 하라리와 비슷한 논조로 이야기해."

나는 대화를 계속하며, 가방에서 애피아의 책을 꺼내 책장을 넘겼다.

"애피아는 우리 선조들이 인류 역사의 상당 부분을 그저 '오랫동안 알던 주변 사람들만' 보면서 평범한 날들로 채웠다고 말해. 예측이 가능하고 신뢰가 깔려 있는 익숙한 사람들하고만 주로 관계를 맺은 거지. 그리고 그런 식의 관계는 수천 년 넘게 인류 역사에 존재했어. 애피아의 말대로 '그런 관계가 우리에게 새겨지고 우리의 본성에 깊이 자리하게 된 것'이지. 우리 인간이 사회 안에 형성된 좁디좁은 공간에서, 잘 알지도 못하는 대다수의 타인과 '더불어 사는 방법'을 배우기 시작한 건 그리 오래되지 않았어. 제법 긴 시간 동안 같은 언어를 말하고 같은 규칙을 따르며 비슷한 것들을 식탁 위에 올리며 살았더라도 공존하는 공간이 축소된 건 비교적 최근의 일이지. 그 말인즉슨 '수천여 년 넘게 한정된 지역에서 작은 집단을 이루며 그 안에서 형성된 관습과 사상에 바탕을 둔 생각 및 감정을 지닌 인간이 공존이 필수인 세계화에 적합한 종족이 되려면 넘어야 할 산이 많다'는 거야. 따라서 인간의 문명은 우리를 뒤흔들 수 있는 모든 것에 대항하려는 지속적인 노력의 산물인 거지. 우리에게 각인된 본능 그리고 몸에 새겨진 '자동화 체계'에 대항하여 애쓴 결과물이 문명이라는 거야."

"음, 그건 일종의 계몽사상 아니야? 이성을 사용하라고 말하는?"

"내가 알기로 칸트는 '타인의 도움이나 지도 없이' 스스로 이성적으로 사는 것을 계몽이라고 말했어. 그러니까 인간이 이성을 사용한다는 사상 자체가 인간을 감정의 동물로 보는 거지. 즉 감정적 존재이기 때문에 인간은 상황에 따라 이성을 사용하지 않기도 한다는 거야. 특히 인간은 '격세감'을 느낄 때 뒤로 돌아가려는 경향을 보여. 예컨대 세상의 모든 것들이 너무 낯설 때 거기로부터 벗어나려 하지. 생경한 것들이 모두 사라져야 한다고 생각하는 거야. 알렉산더 클루게의 주장처럼 인간은 심장이나 횡격막 같은 기관들에 고정되어 있으니까. 이 기관들은 과거에 머물러 있으며 불편한 현실을 마주하면 이를 피하려 하지."

"그럼, 무엇을 해야 도움이 될까?"

"언제?"

"누군가 '낯선 모든 것들이 사라져야 한다'고 생각할 때 말이야."

"당연히 분노를 느끼겠지?"

"내 질문은, 그럴 때 '뭐가 도움이 되느냐'는 거야."

"일단 지금은 별다른 해결책이 없는 듯해. 자신의 충동을 따르고 소리를 치고 분노하는 것밖에 방법이 없지. 이

외침과 격분이 오늘날 우리가 목도하고 있는 증오와 혐오라 할 수 있어. 세계화에 필요한 공존의 자세와는 결이 너무 달라. 계속 이렇게 증오로만 사람들을 대한다면 어떻게 될까? 아네르스 브레이비크가 노르웨이 정부 청사와 우퇴위아섬에서 일흔 일곱 명을 살해했었지. 노르웨이의 총리 스톨텐베르크는 추도식에서 이런 긍정적인 비전을 제시했어. '더 나은 자유와 보다 많은 민주주의 그리고 더욱 높은 공동체 의식으로 테러에 대응하겠다'고 말이야. 한편 독일에선 극우 정당인 '독일을 위한 대안'이 급부상하자 알렉산더 가울란트나 비얀 회케 같은 급진적 우파 정치인들이 체계적이고도 끈질기게 자극적인 언사로 대중을 선동했어. 처음에는 그들이 던지는 말을 불편해하며 다들 그냥 피했지. 어리석고 선동적이며 인종 차별주의적인 발언을 언짢게 여기면서 말이야. 그런데 우리의 생각과 달리 그들의 목적은 처음부터 아주 분명했어. 마크롱이 창당한 '앙 마르슈'나 '유럽의 맥박Pulse of Europe'(유럽연합 회의론에 대응하는 범유럽 지지 시민운동.—옮긴이)처럼 세력을 키우고 무대를 넓히려는 거였지. 그들의 목적은 여전히 유효해. 그럼 이제 우리는 무엇을 해야 하는 걸까? 나는 무엇을 할 수 있을까? 지금 우리는 확실한 태도를 갖추고 그 태도를 견지해야만 해. 아까 뭐가 도움이 되느냐고 물었지? 나는 대화가 꼭 필요하다고 생각해. 말하고 대화하며 상대를 설득하려는 노력. 그런 노력이 낯선 것을 몰아내려는 우리 사회에 조금이나마 도움이 될 거야. 그 노력이 절대 멈춰서는 안 돼. 무슨 뜻인지 알지? 여기에 더해 타인이 나와 다르게 생각하고 행동하는 데에는 나름의 이유가 있다는 사실을 이해하려 애써야 해. 이때 인간의 이성과 판단력을 사용해야 하고. 또한 타자들이 나와 다르게 생각하고 행동하는 이유는 다양하며, 그 다양한 이유들을 인지하고 이해하고 받아들이려는 노력도 필요해. 뭔가 복잡해 보이지만 핵심은 간단하지. 꾸준한 대화를 통한 이해와 설득 그리고 다양성에 대한 관용의 자세."

"그러니까 대화가 답이네. 그 대화라는 게 항상 도움이 된다는 거지?"

"응, 항상."

모순에 빠지다

⌇

그럼 이쯤에서 다시 인터넷에 대한 질문을 이어갈까 한다. 오래전 웰스가 구상한 "월드 브레인", 즉 세계의 두뇌는 오늘날 인터넷이라는 거대한 연결망을 통해 실현되고 있다. 인터넷은 전 세계를 아우르며 인류의 지적 토대를 넓게 다지고 있다. 그런데 인터넷은 오히려 인간의 사고를 편협하게 만들며 타인과 토론을 하거나 나와 다른 견해를 마주했을 때 일종의 피난처 역할을 한다. 그 이유는 대체 무엇일까? 지그문트 바우만은 우리가 "두 개의 다른 세계"에 살고 있기 때문이라 설명한다. 그는 두 세계를 오프라인 그리고 온라인 세계라 칭한다. 둘 사이의 본질적인 차이를 밝히기 위해 그는 '통제'라는 개념을 사용한다. 바우만에 따르면 오프라인 세계는 손으로 직접 만질 수 있고 인간의 육체가 실제로 존재한다. 또한 여기에서는 사람들 간에 대화와 소통이 이루어지고 위계질서가 형성된다. 더불어 이 세계에서는 신체적 활동과 행동이 일어나며 모두가 확실한 통제 안에 예속된다. 오프라인에 속한 모든 인간은 통제에 순응하고 적응할 의무가 있으며 주어진 위치와 역할에 맞게 행동해야 한다. 그리고 "의무와 권리 사이에서 적당한 태도를 취해야 하는데 이 모든 것들은 명시적인 혹은 암묵적인 제재를 통해 감시되고 강요된다." 일상에서 이 영역에 머물 때면 우리는 예기치 못한 일들과 맞닥뜨리곤 한다. 이를테면 도저히 풀 수 없어 보이는 복잡한 문제들과 마주하는 것이다. 이런 문제들은 끝이 보이지 않는 데다 장기적인 노력이 필요하기 때문에 붙들고 있다 보면 통제에서 벗어날 위기에 빠지기도 한다. 그럼에도 오프라인이라는 영역에서 우리는 어떻게든 통제하에 머물려고 갖은 애를 쓴다. 그러나 온라인은 다르다.

나는 오프라인 세계에 속해 있지만, 온라인 세계는 나에게 속한다.

바우만은 이렇게 말하며 다음과 같이 덧붙인다.
우리는 온라인에서 주어진 정황의 주인이라는 감정을 느낀다. 목표를 제시하고, 자신에게 순응하는 이들에게 보상을 제공하며, 반항하는 이들에게는 벌을 내리는 주인이 되는 것이다. 그러면서 두려움을 야기하는 무기들은 이 세계로부터 추방하는 등 차단과 제외 그리고 제재를 자기 마음대로 할 수 있다. 오프라인에서 온라인 세계로 옮겨갈 때면 내 의지에 순응하며 나의 소망을 기꺼이 수용하고 이해하는 세계로 들어가는 기분을 느끼게 된다.

온라인에서는 내가 원하면 언제든지 나와 뜻이 같은 사람들이 모인 사회 안에서 온전히 머물 수 있다. 즉 나에게 온 수많은 메시지들을 내 뜻대로 정리하고 관리할 수 있다. 나의 세계관에 맞지 않는 정보들은 아예 처음부터 걸러낼 수도 있다. 온라인에서 나는 누군가에게 욕설을 할 수도 있고, 그런 다음 클릭 한 번으로 그를 차단할 수도 있다. 그러면 그의 반응은 더 이상 나에게 닿을 수 없다. 나를 화나게 하거나 좀처럼 풀리지 않는 모든 문제들을 시야에서 사라지게 할 수도 있다. 또한 이 영역에서의 삶은 복잡하고 부담스러운 세계와는 달리 매우 안락하게 조성되어 있기 때문에 혼란과 불확실성 및 예측 불가능이라는 개념이 더 이상 존재하지 않는다. 말 그대로 이 세계에는 아무런 '어려움'이 없는 것이다.

그런데 이 어려움이 거짓말이라는 주제와 맞물리면 문제

가 달라진다. 모든 어려움이 사라진 온라인 세계에서는 진실이 존재하기 어려워진다. 다시 말해 오늘날과 같이 복잡다단하고 예측 불가능한 시대에 진실이라는 것은 항상 복잡하며 때론 양가적이고 불분명하기 때문에 어려움이 사라진 온라인 영역에서 진실을 제대로 발견하기란 결코 수월하지 않다. 진실은 가볍지도 단순하지도 않으므로 다루기도 힘들고 다가가는 것조차 불편한 대상이 될 수 있다. 인간은 이런 불편함을 어떻게든 피하려는 경향이 있다. 이는 아마도 우리의 본능일 것이다.

그렇다면 오늘날처럼 전혀 단순하지 않은 경제 구조에 단단히 얽혀 있는 시민들이 진실을 이런 방식으로 다루게 된다면 어떻게 될까? 아니면 아예 우리 모두가 이런 식으로 진실을 대하는 데 익숙해져버린다면 무슨 일이 벌어질까? 실제로 현대인들은 우리의 세계관에 들어맞지 않는 자못 불편한 사실들을 (진실 여부와 상관없이) 종종 마지못해 받아들이곤 한다. 이런 태도는 지극히 인간적이며 이런 태도를 취한다고 해서 우리에게 큰 해가 되지는 않는다. 단, 이러한 현실 속에서도 우리는 인간으로서의 품위를 잊어서는 안 된다.

잘 알려진 사례 하나를 통해 이 문제를 좀 더 들여다볼까 한다. 2015년에서 2016년으로 넘어가던 해의 마지막 날 밤, 쾰른 대성당 앞 광장에서 집단 성폭력 사건이 발생했다. 누가 봐도 수많은 사람들이 이 사건에 연루되었음에도(내가 보기에도 분명 그랬다) 대부분은 이를 축소하고 쉬쉬하려 애썼다. 축제가 벌어진 그곳에서는 수백여 명에 달하는 남성들이 여성들을 둘러싸고는 신체를 더듬거나 물건을 빼앗는데, 혹자는 이를 맥주 축제인 옥토버페스트와 비교하며 가볍게 여기기까지 했다. 이런 문화가 달라져야 한다면서도 심각하게 받아들이지 않은 것이다. 그로부터 1년 뒤 경찰은 이러한 전대미문의 사건이 반복되는 것을 예방하겠다며 특히 북아프리카 출신의 남성들을 주시하면서 경계 태세를 갖췄다. 그러자 곧바로 '인종 프로파일링'이라는 말이 나왔고 경찰의 업무가 인종 차별주의적이라는 지적도 등장했다. 즉 쾰른 경찰이 인종으로 사람을 분류하여 용의선상에 올렸다는 것이다. 하지만 그 누구도 이러한 비난의 목소리를 크게 높이지 않았다. 1년 전 사건 범인의 상당수가 북아프리카 출신이라고 해서 1년이 지난 이후에도 비슷한 지역 출신의 사람들이 경찰의 특별 관리 대상이 될 이유는 없다. 경찰의 예방 조치는 어딘가 불합리했다. 그럼에도 경찰을 향한 비난은 확산되지 않았고 이 부조리함에 대해 침묵했다. (당시 쾰른 경찰은 중앙역 주변까지 감시하며 과도한 경계 태세를 보였는데, 중앙역은 관할 구역도 아니었다.) 여기에 더해 쾰른 경찰은 '북아프리카 출신 범죄자들'을 뜻하는 '나프리스NAFRIs, nordafrikanischer intensivtäter'라는 표현을 사용했다. 이는 대중이 쾰른 광장에서 벌어진 사건을 특정 지역 출신 사람들에 의해 자행된 대형 스캔들로 인식하게끔 만들었다.

저널리스트이자 저술가인 베레나 프리데리케 하젤은《디차이트》를 통해 당시 독일 사회에서 일어난 일련의 현상을 "가짜 뉴스에 의한 진보의 변형"이라 풀이하며 이렇게 말했다.

내가 사는 대도시에서 진보적 자유주의는 교육 수준이 높은 시민이라면 마땅히 갖추어야 할 유일하고도 참된 성향으로 오랫동안 각인되어 왔다.

진보적 자유주의는 일종의 안전지대로 그 안에서 사람들은 이따금 마음의 안정을 느끼며 스스로 도덕적으로 높은 위치에 있다고 간주한다. 그러면서 자신의 세계관을 어지럽히는 모든 것을 사냥하여 없애려 한다. 따라서 진보적 자유주의를 추구하는 이들은 정치적 올바름에서 벗어난 무례한 상황을 만나면 끊임없이 교훈을 던지며 가르치려 한다. 이때 누군가에게 새로운 깨달음을 건네는 건 중요하지 않다. 핵심은 스스로 옳은 편에 서 있다는 긍정적인 감정을 얻는 일이다.

우리가 이 책에서 다루는 주제는 난민 정책이나 이민자 문제 또는 세계화가 아니라 품위라는 개념이다. 다시 말해 지금

이 시대에서 타인과 더불어 살아가려면 무엇을 어떻게 해야 하는지를 물어가는 과정에 있다. 그럼에도 세계화의 정체와 세계화로 야기된 오늘날의 현상들을 무심코 지나칠 수는 없다. 세계화를 환영하는 사람들은 세계화라는 개방성이 기본적으로 우리에게 상당한 유익을 가져오면서도 동시에 수많은 문제를 내포하고 있다는 사실을 절대 잊어서는 안 된다. 세계화는 누군가에게 이롭기도 하며 혹은 별다른 해가 되지 않지만, 또 다른 누군가에겐 커다란 난관이 될 수 있다. 예컨대 이런저런 이유로 교육을 충분히 받지 못한 사람은 세계화로 인한 갑작스럽고 치열한 경쟁 속에서 일자리를 얻기 위해 고군분투해야 한다. 물질적 여유가 부족하여 고가의 아파트를 장만할 능력이 없는 사람은 보다 저렴한 집을 찾아 헤매야 한다. 여러 이유로 자신의 자녀를 좋은 지역에 있는 학교에 보낼 수 없는 사람은 소외 계층이 주로 거주하는, 교육 수준이 상대적으로 낮고 분위기도 삭막한 학교에 아이를 보낼 수밖에 없다.

이 모든 현상을 부정하는 사람은 스스로 엘리트 계층에 속해 있을 가능성이 높으며 자신이 특정 계층에 속한다는 사실에 크게 놀라지도 않을 것이다. 또한 자신과는 다른 계층의 삶에 대해서도 아는 바가 전혀 없을 것이다. 어쩌면 이들은 자신에게 주어진 것을 당연시 여길지도 모른다.

런던 출신의 평론가 데이비드 굿하트는 2017년에 펴낸 《어딘가로 가는 길》에서 영국이 두 가지 선택지 앞에 놓여 있다고 언급한다. 즉 '아무 곳anywheres'과 '어딘가somewheres' 사이에서 갈 길을 확실히 정해야 한다는 것이다. 한 쪽은 유동적·도시적·자유주의적 특징을 가지며 다른 쪽은 정해진 장소에 뿌리를 내리고 있다. 그러면서 굿하트는 자신이 속한 집단을 향해 비난을 던진다. (그는 스스로 '아무 곳'에 속해 있다고 말한다.) 그가 속한 집단은 '어딘가'라는 집단을 잊어버린 채로 "대규모 이주에 열광하면서도 그 이주로 발생한 문제들에는 무관심으로 일관"한다는 것이다. 한 인터뷰에서 이렇게 이야기한 굿하트는 다음과 같이 첨언하기도 했다.

"우리 어리석은 진보주의자들이 이런 끔찍한 사람들을 만들어냈다. (여기서 말하는 "끔찍한 사람들"은 영국의 브렉시트 지지자와 외국인 혐오주의자들을 뜻한다.) 우리는 아주 대단한 방식으로 실패를 이루었다."

비교적 젊고, 적응력이 높으며, 여러 언어를 구사하고, 교육 수준이 높은 사람들은 세계화를 두려워할 이유가 없다. 이들은 세계화라는 급류 속에서 헤매며 뒤처지는 사람들을 다소 우습게 여기는 경향이 있다. 만약 이런 생각을 가지고 있다면 타인을 향한 예의와 품위를 잃은 것은 아닌지 스스로 깊이 되돌아볼 필요가 있다. 이 세상이 너무 빠르게 흘러간다고 느끼는 사람들은 안정적이고 변함없는 삶에 대한 그리움이 있다. 그 이유는 굉장히 다양하다. 나이가 많아서 그리고 점점 더 늙어가기에 변화를 수용하기 어려울 수도 있다. 혹은 경제적 성공을 이루지 못해 현실이 마냥 불안하게 느껴질 수도 있다. 어쩌면 어린 시절 집안 형편이 넉넉하지 않아 밤마다 부모님이 동화책을 읽어준다거나 매주 바이올린 수업을 받는 등의 경험을 하지 못했을 수도 있다.

이와 관련하여 꽤나 불쾌한 사실이 하나 있다. 현재 우리 사회에는 (눈에 보이지는 않지만) 다양한 계층들이 존재하는데 이들 계층 사이의 간극이 차츰 더 커지고 있다는 것이다. 가까운 예를 들어보면 그 심각성이 여실히 드러난다. 예전만 해도 독일에서는 모두가 동일하게 병역 의무를 이행해야 했다. 출신이나 교육 수준에 상관없이 김나지움 학생들이라면 자신의 인생에서 몇 달가량을 비슷한 또래들과 함께 내무반에서 보내야만 했다. 그런데 소위 상류층 자제들의 상당수는 나름의 고귀한 이유로 이 의무에서 빠져나왔다. 과거에는 병역을 거부하면 병역 기간보다 훨씬 긴 기간 동안 대체 근무를 해야 했다. 하지만 높은 계층의 아들들은 이 기간을 십분 활용하여 보다 유익한 경험들을 쌓았다. 대입 시험을 마치자마자 군대에 가는 대신 대학 강의실을 드나들며 가능한 빨리 교육 과정을 마치고 남들보다 일찍 경제 활동에 들어간 것이다.

솔직히 말해서 나는 군복무 시절이 없었더라면 인생을 보다 알차게 보냈을 것 같다. 젊은 시절을 군대에서 보내는 대신 누구처럼 다른 일을 했더라면 더 유익했을지도 모른다. 나는 군대에 적합한 인물이 아니었기 때문에(게다가 내가 복무해야 했던 기갑 부대는 나와 너무 맞지 않았다) 군대 시절은 내 인생에서 최악의 기간 중 하나로 꼽힌다. 그럼에도 불구하고 군복무는 나에게 소중한 경험이었다. 내가 이 나라를 위해 조금이나마 도움이 되는 무언가를 할 수 있다는 어떤 뿌듯한 감정을 선사했기 때문이다.

누군가 사회에 속하기만 할 뿐 의무를 다하지 않으면 그로 인해 다른 누군가는 희생을 해야 한다. 그런데 그 누군가의 희생이 아무렇지도 않게 잊힌다면 우리 사회는 어떻게 될까? 내가 정말 이해할 수 없는 건 우리 사회에서 이 병역의 의무를 은밀하고도 간편하게 저버릴 수 있다는 사실이다. 심지어 모두가 바라고 원하는 대체 근무로 병역을 대신하는 일이 누군가에게는 그리 어렵지 않다. 이처럼 서로 다른 두 부류가 상대방의 존재를 인지하고 상대를 향한 이질감을 지닌 채로 같은 나라 그리고 같은 세계에 공존하며 산다는 것은 사뭇 놀라운 일이 아닐 수 없다. 누차 이야기하지만, 정말이지 전혀 이해가 되지 않는다. 하지만 이 병역 이야기는 곁가지에 불과하다.

앞에서 이미 등장한 사샤 로보는 어느 강연에서 인터넷상의 증오를 다루는 전략을 제안한 바 있다. 그는 인터넷에 범람하는 증오와 혐오를 처음부터 어떻게 다루어야 하는지를 말하고 있다. 그러면서 독일을 위한 대안과 같은 극우 정당에 '부분적'으로 마음이 기운 사람들이나 인터넷 게시판에서 '극우' 성향을 드러내는 사람들을 모두 똑같은 (극우) 급진주의자라 칭하기는 조심스럽더라도 '그렇다'고 상정해야 한다고 주장한다. 이들은 모두 최극단으로 넘어가는 경계에 있는데 우리 인생이 그렇듯 이들은 아주 쉽게 우측 맨 끄트머리로 옮겨갈 수 있다. 각자 어딘가 다른 지점에서 출발했더라도 결국 극우 급진주의자에서 끝을 맺는다는 것이다. 그래서 로보는 경계선에 있는 사람들을 붙잡아야 한다고 말한다. 아직 완전히 흘러가지 않았으므로 이들을 붙잡을 수 있는 통로가 있다는 것이다. 이들에게는 이성적 판단력이 남아 있기에 여전히 대화가 가능하다. 그러면서 로보는 이런 말을 전한다.

나는 거리에서 나치처럼 행동하는 사람들이 보이면 곧바로 욕을 하곤 했다. 현실에서 그들은 제정신이 아닌 비열한 인간으로 여겨지며 스스로도 어딘가 잘못되었다는 걸 조금은 알고 있다.

로보가 그들을 알아볼 수 있었던 이유는 그 역시 한때 그들과 비슷한 부류였기 때문이다. 말하자면 자기 자신이 천박함을 경험했기 때문에 타인의 말과 행동에서 천박함을 빠르게 잡아낼 수 있었다! 이것도 일종의 감정 이입이라 할 수 있지 않을까?

로보의 이야기 속에는 중요한 의미가 담겨 있다. 즉 아직 완전히 닫히지 않은, 일말의 소통이 가능한 사람들과는 대화를 시도해야 한다는 것이다. 물론 사회적으로 높은 위치를 차지하고 있는 완고한 극우 급진주의자들은 시도 자체가 어려울 수 있다. 하지만 로보의 말처럼 "우리 사회의 발전에 제대로 발을 맞추지 못한" 소외 계층 중에는 분명 대화가 가능한 이들이 있다. 실제로 우리 사회에는 그런 이들이 존재한다. 시대의 흐름에서 소외된 채 주변부에 머무는 급진주의자들 말이다.

사샤 로보는 여기에 더해 인터넷상에서 타인을 모욕하거나 인종 차별주의적이고 극우적인 주장을 퍼트리는 이들과 논쟁을 시도하되, 기본적으로 항상 정중하고 예의 바른 태도로 일관해야 한다고 제안한다. 그러면서 너무 공격적이거나 적극적인 태도 대신 겸손하고 조심스럽게 다가가 그들이 정말 관심을 가질 만한 질문을 찾으려 노력해야 한다는 것이다. 또한 그들의 견해와 거리를 두면서도 계속해서 대화의 수준을 맞추며 핵심에서 크게 벗어나지 않은 채로 이해심을 표해야 한다. 동시에 본인의 약점을 드러내면서 상대의 의견에 어느 정도 일리가 있다고 긍정을 보여야 한다고 말한다. (여기서 로보는 상대방의 의견에 감탄하고 칭찬하라는 조언을 하지만, "홀로코스트를 부인하는 발언처럼" 극단적인 내용을 찬양하라는 뜻이 아니다. 혹시나 옳은 말이 있거나 타당한 부분이 보일 때 마치 추임새처럼 칭찬을 활용하라는 의미이다.) 또한 가르치려는 자세에서 벗어나 가능하다면 유머를 곁들여 논쟁에 참여하면서 그들이 자신들의 견해에 의문을 품고 타인의 의견에 약간이라도 공감할 수 있도록 도모해야 한다. 이는 그들과의 논쟁에 참여하는 최종 목적이기도 하다. 한마디로 정리하면, 그들의 이성과 판단력을 깨우기 위해 분별력 있는 자세로 대화해야 한다는 것이다.

로보가 제안한 대화의 기술은 흥미롭게도 로마 제국의 황제이자 철학자였던 마르쿠스 아우렐리우스의 《명상록》을 떠올리게 한다. 이 책에서 그는 "인간 사이의 교류와 소통에 호의"가 동반되어야 한다고 권고한다. 무엇보다 그는 타인을 가르치기 위함이 아니라 자기 자신의 수양을 위해, 즉 스스로를 훈계할 목적으로 이 책을 집필했다. 이 책의 원제는 《자기 자신을 위한 당부》였다. 독문학자 카를 하인츠 쾨테르트가 본인의 연구서에서도 언급했듯 1559년에 발간된 《명상록》 초판본의 제목은 《자기 자신에게》였다. (이전까지만 해도 이 책은 제목 없이, 수기로 작성된 원고가 전부였다.)

《명상록》에서 마르쿠스 아우렐리우스는 다음과 같은 말을 남겼다.

너의 호의가 위선에서 나온 웃음이 아니라 진짜라면 네 호의는 흔들리지 않을 것이다. 네가 누군가에게 현혹되지 않은 채 꾸준히 호의를 베풀며, 기회가 닿을 때 온화한 태도로 충고를 건네고, 그가 너에게 악행을 시도하려 할 때 조용한 말투로 "그러지 말게, 친구여. 우리는 뭔가 다른 일을 하기 위해 태어나지 않았는가. 자네가 나에게 악행을 저지른다면, 나는 해를 입지 않지만 자네는 그 행동으로 해를 당하게 될 걸세. 내 친구여!"라고 권한다면 아무리 악한 인간이라 하더라도 너에게 무슨 해를 가할 수 있겠는가? 그런 다음 그에게 온화하고 사려 깊은 자세로 세상의 모든 이치가 실로 그러하며 꿀벌을 비롯한 다른 군서 동물들도 그런 식으로 행동하지 않는다는 사실을 알려주어라. 그러나 조롱하거나 오만한 태도로 지적해서는 안 되며 신랄함이 아닌 다정하고 따뜻한 마음으로 그를 대해야 한다. 또한 마치 선생님처럼 훈계하는 말투여서도 안 되고 곁에 있는 제삼자에게 칭송 받으려는 의도를 품어서도 안 된다. 이 같은 대화는 다른 사람 없이 오직 단둘이 있을 때 나누어야 한다.

아, 마르쿠스 아우렐리우스의 글은 한번 인용하기 시작하면 멈추기가 어렵다! 그럴 정도로 그의 책에는 훌륭한 문구가 참으로 많다. 그래서 몇몇 문장을 조금 더 보태어볼까 한다.

무례하고 몰염치한 사람으로 인해 자주 화가 난다면 즉시 이렇게 자문해보아라. 이 세상에 파렴치한 인간이 존재하지 않을 수 있을까? 그럼 답이 나온다. 불가능하다고. 그러므로 불가능한 일을 바라지 말자. 그 사람은 이 세상에 존재할 수밖에 없는 몰염치한 사람들 중 하나이기 때문이다. 그러면서 간교하고 신의가 없으며 온갖 악행을 저지르는 자들을 얼른 떠올려보아라. 이런 불량스런 인간들이 존재하지 않을 수 없다는 사실이 분명해지면 그들 하나하나를 보다 너그러운 마음으로 대하게 될 것이다. 또한 다음과 같은 생각을 즉각 떠올리는 것도 좋다. 즉 인간의 이 같은 악한 특성을 보상하기 위해 자연이 우리에게 부여한 선한 특성이 무엇인지를 생각해보는 것이다. 자연은 난폭하고 몰염치한 자들에 대한 해독제로 온화함을 주었고, 다른 이들에게는 또 다른 대응력을 선사했다. 무엇보다 너는 어긋나고 잘못된 사람을 가르치고 깨우쳐 옳은 길로 인도할 수 있는 능력이 있다.

이제 다시 돌아와 우리 이야기를 해보자. 만약 한 사회 안에 품위 없는 태도가 도처에 널려 있다면, 그리고 품위를 지켜야만 한다는 엄격한 규칙이 존재하지 않으며 품위가 없음에도 해를 입지 않는 데다 오히려 보상이 주어진다면 이 사회는 어떻게 될까? 아마도 이 사회에서는 품위 있게 살아야만 한다고 느끼는 사람들이 점점 더 줄어들 것이며 언젠가 무례함이 우위를 차지하는 날이 도래할 것이다. 그리하여 누군가 스스로 정당하다고 여기는 행위가 다른 누군가에게는 그다지 정당하지 않은 행위로 여겨질 수 있다. 즉 한 사회가 공유하는 공통의 정당성이 결여되는 것이다. '그가 그렇다면 나도 그렇게 생각하는' 공유된 정당성은 어디에서부터 시작되는 것일까?

내가 알고 지내는 어느 노부인의 이야기를 예로 들까 한다. 그리 부유하지 않은 그녀는 막대한 자산이 없었다. 만약을 대비해 오랫동안 저축해온 5000유로가 재산의 전부였다. 노부인은 그 돈을 일반 저축 통장에 넣어놓았다. 어느 날 담당 은행 직원이 왜 그 돈을 이자도 거의 붙지 않는 보통 예금 통장에 넣어두냐고 물었다. 노부인은 이 직원이 은행 업무에 오래 종사한 전문가이며 자신에게 도움을 주고자 일종의 재무 상담사 역할을 한다고 생각했다. 은행 직원이 판매원이 아니라고 굳게 믿은 노부인은 담당 직원의 말에 귀를 기울였다. 그리고 직원의 조언에 따라 그 돈으로 투자 상품을 사들였다. 덕분에 은행 직원은 보너스를 얻었고 해당 은행에는 판매 수당이 돌아왔다. 그런데 노부인은 아무것도 얻지 못했다. 투자했던 5000유로가 2년 뒤에 2500유로가 되었기 때문이다.

모든 일은 합법적이었다. 그 어디에도 불법적인 요소는 전혀 없었다. 그리고 누군가는 이런 입장을 견지할 수도 있다. 우리 사회에서 각 개인은 법이 허용하는 테두리 안에서 스스로의 행동에 책임을 져야 한다고 말이다. 하지만 이 책의 초입에 소개했던 어느 독자의 글처럼 세상에는 비록 허용되었더라도 하지 않거나 해서는 안 되는 일들이 있다. 개인적으로 이러한 감정을 느낀다면 아무리 은행 직원이라 하더라도 하지 말아야 할 일들을 분별하고 행하지 않는 것이 맞다.

그러나 이런 생각을 가진 사람들이 차츰 줄어들고 있다. 오늘날 은행은 이익을 극대화하기 위해 가장 치열하고도 격렬하게 달려드는 부류 중 하나이며 이 격렬한 경쟁에서 실패하면 곧바로 파산의 위기에 빠진다. 따라서 망하지 않으려면 법망 안에서 수단과 방법을 가리지 않고 경쟁하여 살아남아야 한다. 아마도 노부인은 평생 조금씩 저축을 하며 그 돈에 해당하는 세금을 나라에 꼬박꼬박 냈을 것이다. 은행도 노부인도 법이라는 테두리 안에서 각자의 길을 걸었으나 세상과 타인에게 미치는 영향력은 너무도 달랐다.

시선을 조금 옮겨서, 폭스바겐 그룹의 경영자들에 대해 생각해볼까 한다. 독일연방공화국 공로장(독일의 유일한 연방 훈장.—옮긴이) 가운데 하나인 대연방공로십자성현장의 수훈자이자 사민당 정치인이기도 했던 폭스바겐 그룹의 대표는 2017년 이사회에서 물러나며 "청렴함과 정당성"이라는 명분으로 13개월 뒤 1250만 유로에 달하는 퇴직금을 수령하고, 평생 연금으로 매달 8000유로를 받게 되었다. 이 결정으로 그는 2019년 1월부터 이처럼 어마어마한 '보상금'을 손에 넣었다. 게다가 폭스바겐은 2015년부터 이사진들에게 수백만 유로에 이르는 성과급을 지급하고 있는데, 2015년은 회사 역사상 가장 큰 적자를 기록한 해이기도 하다. 그럼에도 임원들에게 돌아가는 성과급은 매년 늘어나고 있다.

2017년 4월, 일간지 《디 벨트》는 독일 경제를 이끄는 대기업 경영자들의 행태가 얼마나 추악하며, 그로 인해 이 사회에 어떤 악영향을 미치는지 낱낱이 보고한 바 있다. 기사에 따르면 가령 폭스바겐이나 도이체방크처럼 거대 기업의 중역실엔 사기꾼 같은 경영진이 있지만 이 사실을 아는 사람도, 또 믿으려는 사람도 거의 없다고 한다. 우리가 믿든 말든, 동의하든 말든 회사의 저 위층에는 도덕관념이 일반 대중 및 평직원과 일치하지 않는 이들이 한자리를 차지하고 있다. 이들은 "같은 자원을 투자해도 어떻게든 늘 최대한의 이익을 끌어낼 만반의 준비"가 되어 있다.

기업인들의 이러한 행위는 독일인들을 "뒤흔들며 휘청거리게" 만든다. 신문은 리서치 기관인 입소스의 설문 조사 결과를 첨부하며 이런 표현을 썼다. 입소스가 41개 국가의 4100여 기업을 조사한 결과 독일에서 회사를 다니는 응답자의 10퍼센트는 기업이 잘못을 저지르거나 기만하더라도 심히 동요하지 않는다고 답했다. 아일랜드와 슬로바키아의 경우 그 숫자가 조금 더 높았다. 이 설문 조사는 많은 의미를 담고 있다. 그중에서도 이 10퍼센트는 대단히 인상적이다. 이들은 자신의 회사 경영진이 거짓과 기만을 저지르더라도 본인에게 유익이 돌아온다면 크게 문제 삼지 않겠다는 입장을 보인 셈이다. 인간은 자신의 탐욕으로 인한 행위가 무엇이 되어 돌아오는지 알아야만 한다.

≈

내 친구가 물었다.

"지금 그게 무슨 말이야? 그러니까 네 말은, 예컨대 모로코나 다른 북아프리카 국가에서 우리 쪽으로 건너온 수많은 사람들이 여기에서 오래 머물 수 없다는 걸 어느 정도 알고 또 예상하면서도, 일단 현재의 상황을 충분히 누리면서 나름의 유익을 취한다는 거야? 이런저런 경범죄를 저지르면서? 그들은 돌아가지 않아. 돌아가면 다시 고통스런 상황에 처하게 될 테니까. 돌아가 봐야 인생에 아무런 가망이 없는데 자국으로 돌아갈 이유가 없지. 그런데 그들은 우리 곁에 머물면서 도둑질을 하고 거리 한복판에서 여성들을 추행하기도 해. 품위 있는 삶을 위한 모든 규칙과 원칙을 깨트리고 있다고. 그들의 행위는 특정 정치인들이 반이민 정서를 일반화시키는 데 크게 기여했어. 그들이 저지른 크고 작은 범죄들 덕분에 실제로 이런 정치인들을 따르는 사람들도 늘어났고."

"품위 있는 삶을 위한 규칙들을 깨트린다니, 그건 무슨 뜻이야? 물론 처음에는 그들도 법을 어기겠지. 우리 법이고 우리의 규칙이니까. 그렇지만 이 법은 깨트릴 수 없어. 이 나라의 법은 언제나 유효하니까. 그런데 한번 생각해봐. 모로코의 어느 시골에 버려진 열 살짜리 아이를 그곳에 마냥 내버려둘 수는 없잖아. 돌볼 사람도 없고 아무도 원치 않는 그 아이는 몇 년이고 거리를 전전하며 근근이 살아가겠지. 그런 아이를 내버려두지 않는 것이 우리가 말하는 품위 아닐까?"

"물론 그렇지. 하지만 그 아이는 우리가 앞서 이야기한 일들에 해당되지 않아. 규칙을 어긴다거나 반이민 정서를 야기하는 것과는 거리가 멀지. 그 아이에게 해당되지 않는 걸 다른 모든 이들에게도 적용해야 하는 걸까?"

"어쩌면 그래야 할지도 모르지. 품위란 그런 게 아닐까? 좀처럼 하기 힘든 일도 하게끔 만드는 무언의 강요 같은 거. 그 아이에게 닥친 문제를 우리가 풀 수는 없지만, 그럼에도 아이에게 그 사실을 분명하게 전달한 다음 무언가를 시도하는 것 자체가 품위 있는 자세라고 생각해."

"너는 이 현상을 굉장히 간단하게 다루는 것 같네?"

"내가? 정말? 오히려 반대로 접근하면 더 복잡하고 어렵지 않을까? 이러이러한 문제가 있으며, 그 문제는 절대로 해결할 수 없다고 인정해버리면 그걸로 끝일까?"

"만약 충분히 시도했다면, 그래도 더 이상 어찌할 수 없을 땐 인정해야지. 안 그래?"

"그런데 네가 말하는 충분한 시도는 어디까지지? 그 충분하다는 말의 경계는 어디에 있는 걸까? 동시대를 살면서도 이 나라에서 자라는 아이들에 비해 그곳에 머무는 아이들의 교육에 들어가는 비용이 훨씬 적다면, 우리는 어느 선까지 시도해야 할까? 어디까지 해야 충분하다고 말할 수 있을까?"

"부유한 국가에 살면서 이런 이야기를 하자니 다소 부끄러운 기분이 들어. 그렇지 않아?"

"그렇긴 하지. 그나저나 흔히들 말하는 그 '부유한 국가'란 무슨 뜻일까? 청년 실업률이 높은 뒤스부르크시 사람들도 이 나라를 부유한 국가로 여길까? 어쩌다 보니 정치적 물음으로까지 이어졌네. 아무튼 여기에서 중요한 건 부의 분배야. 무엇을 어떻게 얼마나 나누며 또 나누지 않는가 하는 문제. 이건 민주주의에서 일상적으로 떠오르는 질문이지. 품위는 우리가 이러한 질문을 피할 수 없게 만들어. 품위 있게 살려면 이 같은 질문에도 명쾌하게 답을 할 수 있어야 해. 모로코에 사는 누군가는 당장 인터넷만 켜도 우리가 여기에서 어떻게 사는지 알 수 있어. 그 말인즉슨 우리에게 닥친 문제들을 단순히 증오나 거부로 풀 수 없다는 소리지. 대신 항상 너그러운 마음으로 세상을 바라보며 늘 관심과 애정을 가지고 문제를 대해야 한다는 거야."

≈

나는 우리 사회가 다음과 같은 모습을 띤다면 더할 나위 없이 아름답다고 느낄 듯하다. 이를테면 지금 우리에게 필요한 것과 결핍된 것을 분명히 시인하고, 이 시대의 복잡함과 난해함을 견뎌내며, 이 모든 어려움을 풀기 위해 많은 것을 시도했음에도 쉬이 풀리지 않는다는 사실을 겸허히 받아들이는 것이다. 그러면서 부디 복잡함을 피해 단순함으로 숨어들지 않기를 바란다. 나는 현대인의 내면에 자리한 모순을 이해한다. 이 모순은 당연하다고 생각한다. 하지만 이 모순이 품위 없는 삶을 정당화해서는 안 된다. 다시 말하면 오늘날처럼 한 치 앞도 예측할 수 없는, 매 순간 정상 궤도에서 벗어나기 일쑤인 세상에서 오늘 살았던 방식대로 내일을 사는 것은 무척 어려울 수 있다. 심지어 하루 동안에도 같은 자리에서 서로 상충하는 생각이 생겨나기도 한다. 따라서 현대인들은 이 피할 수 없는 모순을 어떻게든 잘 다루면서 살아가야 한다.

2017년 4월, 나는 텔레비전을 통해 클라우스 쉐러와 니콜라스 미굿이 공동으로 만든 〈버스, 폭도 그리고 마을〉이라는 다큐멘터리 영화를 보았다. 이 영화는 2016년 작센주 클라우스니츠시에서 일어난 실제 사건을 그리고 있다. 영상에 등장하는 대형 버스의 전광판에는 그 지역 여행사 이름인 '여행의 즐거움'이라는 글귀가 적혀 있었다. 이 버스는 몇몇 난민 신청자들을 보호소로 이동시키기 위해 마을의 작은 도로를 달리고 있었다. 그러다가 순식간에 성난 군중들에게 둘러싸였다. 군중들은 거칠게 항의하며 버스 안에 있는 사람들을 향해 큰소리를 쳤다. ("우리가 이 나라 국민이다!", "꺼져!", "집으로 돌아가!", "눈앞에서 사라져!" 등의 말들이 끊임없이 쏟아졌다.) 여기에 더해 어디에선가 트랙터 한 대가 달려와 버스 앞을 가로막으면서 승객들을 위협했다. 당시 출동한 경찰은 다소 과격하고 무리하게 대응했다. 한 경찰은 폭도들에 의해 버스에서 끌려 나와 울고 있는 레바논 출신의 소년을 군중 속에서 끌어내기도 했다. 이 모든 과정이 영상에 담겼기 때문에 이 다큐멘터리를 보면 공격성을 동반한 극도의 분노가 남녀노소를 가리지 않고 무차별적으로 표출되고 있음을 또렷이 확인할 수 있다. 버스를 둘러싼 폭도들은 모국에서 탈출하여 평온과 안전을 찾아 기나긴 여정을 겨우 마친, 어린아이와 임산부 그리고 가족들을 향해 마구잡이로 격분을 쏟아낸 것이다.

이와 유사한 사건들은 늘 벌어졌다. 그런데 유독 작센주에서 소요와 폭동, 고함과 폭력 행위가 동반된 사건들이 두드러졌다. 작센주의 프라이탈·마이센·드레스덴 같은 주요 도시 그리고 하이데나우 같은 소도시에서도 이런 일들이 종종 발생했다. 기민련 소속인 하이데나우의 시장 유르겐 오피츠는 반이민 소동이 일어날 때면 과감하게도 "그런 사람들에게 인간으로서의 품위를 어떻게 가르쳐야 할지 도무지 모르겠다"는 발언을 하고는 했다. 실제로 작센의 많은 지역에는(물론 작센 외의 다른 주에도 해당되지만) 부끄러움을 모르는 사람들이 적지 않다. 이곳에서는 폭력을 수반한 위협, 파렴치한 모욕, 고유의 야만성 그리고 추한 인종주의가 노골적으로 드러나고 있다. 그럼에도 클라우스니츠에서 일어난 일처럼 독일 사회에 커다란 파장을 일으킨 사건은 없었다.

이어지는 영상은 우리의 예상에서 크게 벗어나지 않는다. 사건으로 충격을 받은 시장은 자신의 관할 지역을 보호하기 위해 가능한 모든 수단을 동원했고 내무장관은 경찰을 옹호하려 애썼다. 또한 공무원들은 감정 없이 기계적으로 대응했다. 협박 편지나 방화의 위협이 두려웠던 사람들은 자신의 이름을 차마 밝히지 못했고 식당 주인들은 장사를 해야 한다며 인터뷰를 거부했다.

경찰에게 이끌려 폭도들로부터 간신히 벗어났던 소년은 이루고 싶은 원대한 목표가 있다고 말했다. 바로 경찰이 되는 것이다. 그러면서 소년은 당시 자신을 우연히 붙잡아 끌어내 준, 자신에게 꿈을 심어 준 그 경찰관을 만나고 싶어 했다. 다큐멘터리 제작진은 경찰에게 이 사실을 전달하며 소년과의 만남을 제안했다. 하지만 그 경찰은 만남을 거부했다. 공존에서 가장 중요한 요소인 대화는 왜 이렇게 어려울까?

자칭 그 지역 분위기에 정통하다는 어느 영화 관계자는 익명을 요구하며 다음과 같이 말했다.

아주 간단하게 설명할게요. 난민들이 대규모로 유입되면서 혼란에 빠진 이 지역은 일종의 과도기를 겪고 있어요. 다른 여러 지역들과 마찬가지로 난민 유입으로 인해 이곳도 출혈이 상당해요. 다들 물질적 손해가 엄청나다고 생각하죠. 실제로도 부담이 적지 않고요. 이건 동쪽 지역만의 문제가 아니에요. 이 동네에는 특히 노인과 어리석은 사람들이 다수 거주하고 있죠. 그들은 스스로 나치가 되겠다고 이야기해요. 한마디로 어리석음의 극치라고 할 수 있어요.

어리석음. 누군가 터무니없는 태도를 보일 때 우리는 쉽고 가볍게 이 단어를 사용하곤 한다. 하지만 위에서 말한 어리석음이란 정확히 무슨 의미일까? 세상에는 타고난 지능이 그다지 뛰어나지 않은 사람들도 많다. 그러나 지능이 상대적으로 떨어진다고 해서 클라우스니츠의 폭도들처럼 난민의 버스를 막아서는 무례하고 품위 없는 태도를 보여도 되는 것일까? 물론 그렇지 않다. 그리고 어리석음이라는 단순한 표현이 그들의 품위 없음을 변호하는 수단이 되어서는 안 된다. 어리석다고 혹은 지능이 떨어진다고 해서 그들의 품위 없는 행동이 무마되지 않는 것처럼 말이다. 더 구체적으로 들어가기에 앞서 이쯤에서 잠시 어리석음의 개념에 대해 살펴보는 것은 어떨까?

어리석음을 다루려면 주제를 살짝 벗어나 작은 이탈을 해야 한다. 그럼 어디에서 시작해야 할까? 이렇게 한번 시작해보자. 몇 해 전 나는 한 신문에서 이슬람 극단주의 무장단체 IS의 추종자인 두 노인의 사진을 보았다. 수염이 덥수룩한 두 사람은 착암기를 들고 시리아의 고대 도시 팔미라의 폐허에 남겨진 유적의 잔해를 열심히 부수고 있었다. 이미 파괴되어 원형을 알아볼 수 없음에도 그것을 더욱 잘게 파쇄하려는 목적이었다. 그 순간 나는 이렇게 생각했다. '어리석음이란 바로 이런 모습이 아닐까? 어리석음을 기억하기 위한 기념비를 만든다면 이 사진을 그대로 돌에 새겨 넣어야만 해!' 두 남자는 수천 년이 넘은 문화 유적의 잔재를 잘게 부수는 지극히 어리석은 작업에 열과 성을 다하고 있었다. 그것이 어리석은 줄도 모르고 세상 그 무엇보다 중요한 일이라 착각하며 혼신의 힘을 다한 것이다.

　그럼 누군가는 이렇게 물을 것이다. 어리석음을 위한 기념비가 필요할까? 이 세상 전체가 거대한 어리석음 기념비와 다를 바 없는데 굳이 또 세울 필요가 있을까? 아니면 주변에 어리석음이 도처에 널려 있어서 이것이 어리석음인 줄도 모르고 살아가고 있으니 따로 기념비를 만들어 되새겨야 할까?

　이 질문에 답을 하기 전에 우선 어리석음이 무엇인지부터 묻기로 하자. 어리석음이란 사유 능력의 결핍일까? 부분적으로는 그렇다. 하지만 다들 알다시피 매우 똑똑한 사람들도 상황에 따라 판단력이 흐려지는 경우가 종종 있다. 즉 지성의 부족을 어리석음으로 단정 짓기에는 한계가 있다. 데시데리우스 에라스무스 로테로다무스의 《우신예찬》 속 한 구절을 빌리면, 이처럼 "확고한 어리석음이 없었더라면 인간은 세상에 태어나지도 않았을 것"이다.

　우리가 지금 다루려는 어리석음은 지성이나 판단력과는 거리가 멀다. 또한 로타르 마테우스(독일의 전설적인 축구 선수.－옮긴이)나 베로나 푸스(독일의 유명 아나운서 겸 모델.－옮긴이)처럼 '깊이 없는' 인물들과 연결 지을 문제도 아니다. 이런 인물들에게서 드러난 어리석음은 때론 매력적이고 해맑아서 (타인의 기운을 꺾지 않는 편이며) 심지어 호감을 불러일으키거나 서정적인 분위기를 자아내기도 한다. 이와 달리, 우리가 주목하는 어리석음은 오스트리아의 소설가 로베르트 무질의 말을 떠올리게 한다. 그는 1937년에 출간된 연설문 《어리석음에 대하여》에서 어리석은 자들에게 종교가 무엇이냐고 묻자 "교회에 가는 것"이라 답했다고 말한다. 그리고 "베드로는 어떤 인물이냐"고 묻자 "세 번 운 사람"이라는 답이 돌아왔다고 말하고 있다. 이처럼 무질은 단순한 대답으로 어리석음을 표현하며 "살면서 얼굴을 붉힌 적이 극히 드문" 이들을 어리석다 칭한다.

지금 우리가 조명하는 어리석음을 제대로 이해하려면 무질의 연설을 조금 더 따라갈 필요가 있다. 19세기 철학자인 요한 에두아르트 에르트만은 무질이 말한 어리석음을 인용하고 해석하면서 일상에서 드러나는 어리석음의 본모습, 즉 어리석음의 실상을 이해하고자 했다. 그렇다면 어리석음의 실상이란 무엇일까? 에르트만에 의하면 일상에서 어리석음은 야만이나 저속함 같은 형태로 나타난다. 이렇게 예를 들면 이해가 쉬울 것이다. 페이스북 게시판이나 페기다 시위에서 보란 듯이 대놓고 무자비함을 표출하며 문명화된 인간의 탈을 스스로 벗어 던지는 행위를 떠올리면 된다.

이러한 어리석음은 사고력의 문제가 아니다. 즉 지능이 부족해서 비정하고 몰염치한 어리석음에 빠지는 것이 아니라는 말이다. 오히려 반대로, 이런 유형의 어리석은 인간들은 지능이 상당히 높을 수 있다. 지능이 높다는 표현보다 간교하다는 말이 더 적합할지도 모르겠다. 아니다, 차라리 영혼이 어리석다고 일컫는 편이 나을 듯하다. 영혼의 어리석음은 무질이 언급한 "감정의 결함"과 맥을 같이 한다. 영혼이 어리석은 이들은 기본적으로 자기 앞에 놓인 인생이 두려우며, 미래가 불안하여 공포에 사로잡힌 사람들이다. 그래서 인간관계에서도 타인을 증오하는 것 외에 다른 방법은 알지 못한다. 이 같은 유형의 어리석음은 이성적 판단을 거치지 않은 특정 감정들이 분출되도록 만든다. 이렇게 야기된 감정들은 한번 표출되기 시작하면 이성적으로 막아내기 쉽지 않다.

시간이 흐르면서 우리는 소셜 미디어에 빈번히 등장하는 비인간적인 장광설에 차츰 익숙해졌다. 이름은 '소셜' 미디어이지만 그리 사회적이지 않은 반사회적 미디어를 접하면서 우리는 비인간적이고 반인륜적인 설들이 난무할 때마다 이를 밀어내고 거부해야 한다는 생각을 하게 된다. '제발 사라져라! 지워라! 금지해라! 우리라고 모든 걸 다 허용할 순 없어!' 마음속에서 이런 외침이 터져 나오지만 그러면서 한편으로는 이 같은 종류의 어리석음이 우리 안에 내재하는 것은 아닌지, 그래서 이 어리석음을 완전히 잊을 수도, 이로부터 멀어질 수도 없는 것은 아닌지 의심하게 된다. 또한 의문은 꼬리에 꼬리를 물고 이어진다. 이 어리석음은 얼마나 거대할까? 그 범위는 얼마나 넓을까? 우리 사회를 뒤덮을 만큼 막강한 힘을 가진 것은 아닐까? 이 어리석음이 영영 사라지지도 변하지도 않는, 영원불멸의 성질을 가졌다면 어떻게 해야 할까?

사실 어리석음을 위한 기념비 같은 것은 필요 없을지도 모른다. 기념비가 아니라 차라리 박물관처럼 보다 구체적이고 규모가 큰 전시가 절실하다고 해야겠다. 이 어리석음의 형상을 비롯하여 그 근원과 파장, 개념의 해석 그리고 어리석음의 명암 관찰에 이르기까지 모든 것을 총망라한 전시를 열어야 할 지경이다. 제대로 된 박물관이라면 기념품 가게와 함께 카페, 설치 미술과 사진 그리고 다큐멘터리 영화까지 갖춰져야 한다. 이 박물관 입구에 놓을 조각품은 무엇이 좋을까? 이것은 앞에서 이미 제안한 바 있다.

∾

친구가 말을 꺼냈다.

"그건 그렇고, 품위 있는 태도는 이성이 항상 주관하는 건 아니야. 이따금 우리는 즉흥적인 감정에 따라 행동하곤 하잖아. 안 그래? 에리히 케스트너 소설의 주인공 파비안을 봐. 물에 빠진 아이를 구하기 위해 깊이 생각하지도 않고 불쑥 물속으로 뛰어 들었잖아."

"그랬지. 수영할 줄도 모르면서 말이야."

"이런 일은 지금도 볼 수 있어. 얼마 전 뉴욕의 지하철에서 어린아이가 추락하는 사고가 있었잖아. 그러자 한 남성이 곧바로 선로로 뛰어내렸지. 열차가 승강장에 들어오기 직전이었음에도 남자는 주저하지 않았어. 그리고 그 아이를 구했지. 하마터면 남자는 승강장 위로 다시는 올라오지 못할 뻔했어. 아주 간발의 차이로 아이를 구하고 자신의 목숨도 부지했지. 이런 일을 겪고서도 그 남자는 '이 일을 하지 않고는 절대로 그냥 지나칠 수 없었다'고 말했어."

"이런 미담을 다룬 기사를 보면 항상 '즉흥적으로' 도왔다는 문구를 볼 수 있어. '오래 고심한 끝에' 도움을 주었다는 말은 어디에서도 찾아볼 수가 없어. 2017년 6월, 세 명의 테러리스트가 런던 브리지와 버러 마켓에 있던 군중을 연이어 덮쳤을 때 근처에는 경찰이 딱 한 명뿐이었지. 그 경찰은 경찰봉만 들고 제일 먼저 용의자들을 향해 달려들었어. 경찰봉 외에 다른 무기는 없었다고 해."

"그런데 말이지. 길거리에서 누군가 구타를 당할 때면 도와주지도 않고 가만히 보고만 있는 사람들이 제법 많아. 특히 많은 사람이 모여 있을 때 그런 경우가 잦더라고."

"그걸 '방관자 효과'(사람이 많을수록 어려움에 처한 사람을 돕지 않게 되는 현상을 뜻하는 심리학 용어. - 옮긴이)라고 하지. 다들 나 아닌 주변의 다른 누군가가 무슨 일이든 나서서 해주길 바라는 거야. 아마도 그들은 나중에서야 스스로 돕지 않은 걸 후회하면서 비참한 기분을 느끼겠지."

"돕지 않고 가만히 서 있는 사람들도 나름대로 높은 수준의 도덕성을 지니고 있을 거야. 그러니 분명 불쾌하고 비참하겠지. 우리 인간은 내면에 공존하는 선과 악의 '대차대조표'에 따라 행동이 달라져. 말하자면 도덕적 지출과 수입을 대조해 행동하는 거지. 도덕적 행위에도 계산이 필요하다는 말이야. 참 이상하지. 인간은 이렇게 스스로를 믿지 못해. 어쩌면 우리 인간은 단 한 번도 자신을 믿지 못한 채 살아가는 건지도 몰라."

"나는 조금 다르게 보는데. 난 말이야 우리 인간이 매 순간, 그런 결정적인 상황에 놓인다고 생각해. 그때마다 우리는 '찰나'의 시간 동안 이것 아니면 저것을 결정해야 하지. 선한 것 그리고 선과는 거리가 먼 것, 이 두 기로에서 선택해야 해. 찰나라는 극히 짧은 시간에 이뤄지는 결정은 지금껏 우리가 살아온 삶의 태도에 기반을 두고 있지. 여태까지 우리가 인생에서 무엇을 얻고 또 쟁취하기 위해 애써왔는지는 이때의 결정에서 드러나는 거야. 따라서 우리가 꾸준히 지속해온 이 노력과 투쟁은 인간의 품위에 매우 중요하다고 볼 수 있어."

～

클라우스니츠의 사건을 다룬 다큐멘터리로 다시 돌아가 보자. 이 영화의 후반부에는 예상치 못한 장면이 등장한다. 사건 직후 난민을 도우려는 사람들이 대거 클라우스니츠로 모여든 것이다. 시민 지원 단체에 속한 수많은 사람들은 자발적으로 도움에 참여하여 난민들이 행정 절차를 밟는 데 동행하고, 다양한 행사를 주최하며, 축제를 계획하는 등 활발한 교류를 도모했다. 시민 단체에 속한 한 여성은 당시 버스의 도착지에서 난민들을 기다리고 있었다. 그때 군중 속에서 누군가가 그녀를 향해 이렇게 외쳤다고 한다.

"모니카, 그러다 내일 너희 집에 불나겠다."

서슴지 않고 이런 말을 하는 사람들에게 대체 어떻게 인간적 품위를 전할 수 있단 말인가? 물론 몇몇 사람들에게는 품위라는 말 자체가 파고들 틈이 없을 수 있다. 그런 경우에는 그저 바라볼 수밖에 없다. 그들이 견지하는 강렬한 태도와 어조는 결코 쉽게 꺾이지 않을 것이기 때문이다.

모니카를 향한 이 발언(기록을 보면 실제 표현은 "모니카, 그러다 내일 꾀죄죄한 네 단칸방에 불나겠다"였다)은 법정에서 약식 명령을 받았고, 이 말을 한 사람에게는 3600유로의 벌금이 내려졌다. 그는 모니카와 잘 아는 사이로 나중에 이 둘은 교회에서 다시 만났다고 한다. 그녀가 교회에서 헌금을 걷을 때 의자에 앉아 있던 그와 마주친 것이다. 이후 그는 그녀의 집을 찾아가 직접 사과했다. 그는 당시의 순간을 진심으로 후회한다는 말을 전하며 용서를 구했고 모니카는 그의 사과를 받아들였다. 다큐멘터리의 말미에는 사건에 가담했던 몇 명의 사람들이 클라우스 니츠 시장을 찾아갔다는 이야기가 나온다. 그들은 스스로의 행동에 부끄러움을 느낀다며 시장에게 괴로움을 호소했다고 한다. 버스 앞을 가로막았던 사람들 중 상당수는 훗날 시민 단체에 합류하여 난민 지원 활동에 적극 동참했다고 한다. 사샤 로보와 마르쿠스 아우렐리우스가 언급한 대로 선한 영향력이 변화를 이끌어낸 것이다. 평소 나름의 품위를 지키던 사람들도 상황에 따라 무례하고 품위 없는 행동에 단순히 동조하는 경우가 더러 생긴다. 그러면서 이들은 생애 처음으로 인간의 야만성을 목격하게 되고 이런 경험은 오히려 긍정적 반응을 끌어내기도 한다. 이를테면 난민의 버스를 가로막은 사건처럼 사람들은 거칠고 야만적인 상황에서 충동에 사로잡혀 무자비하게 행동하다가 잘못된 결과를 낳곤 한다. 이는 결국 품위 없는 행동에 동조했던 '평범한' 이들이 마음을 바꾸는 기회가 된다.

다큐멘터리는 마을에 여전히 남아 있는 균열과 갈등을 조명하며 어느 주민의 한마디를 덧붙인다.

"도대체 왜들 그러는지 서로 알지 못했으니까요."

그럼에도 언젠가는 자신들의 노력과 의지 그리고 힘이 이 어려움을 뚫고 나갈 거라 믿으며 돕고 또 도우려는 사람들이 많기 때문에 일말의 희망이 있다. 그런데 안타까운 것은 소리 없이 가만히 침묵하는 사람도, 정상에서 벗어난 언행을 끝까지 고수하는 사람도 많다는 사실이다. 나는 전자처럼, 거창하지 않지만 소박하게 타인을 도우려고 노력하는 이들을 굉장히 많이 보았다. 그리고 이 사람들이 무슨 일을 하며 돕는지도 익히 들어 알고 있다. 앞의 이야기에서 보았듯 이들은 실로 대단하고도 중요한 일을 하고 있다.

인간의 태도는 위기 같은 결정적인 순간에 처하면 시험대에 오른다. 이들 또한 위기에 직면하면 자신의 생각과 행위의 방향성을 틀어야 하는 상황에 놓일 것이다. 이런 상황에서는 운전대가 흔들리기도 하고 방향키가 쉽게 돌아가기도 한다. 게다가 두려움이 엄습하고 깃발은 바람의 방향에 따라 나부끼기 때문에 굳건히 버티기가 너무도 어렵다.

인간은 무리를 지어 사는 동물이다. 그리고 우리는 무리에 적응하기 위해 자신이 속한 무리가 원하는 규범과 기준에 적합한 행동을 하려 한다. 그것이 옳든 옳지 않든, 중요한 것은 거기에서 벗어나지 않는 것이다. 그래서 우리는 이탈하지 않기 위해 늘 조심한다.

절규하는 현대인

✽

알베르 카뮈가 세상을 떠난 지 34년 만인 1994년, 그의 미완성 작 《최초의 인간》이 출간되었다. 이 책의 원고는 1960년 1월 4일, 그가 자동차 사고를 당한 장소인 프랑스 빌블르뱅 근처에서 발견되었다. 하지만 카뮈의 딸 카트린은 오랫동안 이 책의 출판을 거부했다. 그녀는 부친의 자전적 소설인 이 책이 초고 상태로 출판되는 것이 적절하지 않다고 생각했기 때문이다. 카트린은 아버지가 살아 계셨더라면 작품 초반 강렬하게 묘사된 주인공이 후반부에서는 보다 유한 캐릭터로 변모했을 수 있다고 추측했다.

이 책은 (카뮈처럼) 프랑스계 알제리 이민자인 자크 코르므리가 정체성을 찾아가는 이야기를 다룬다. 소설에는 주인공의 아버지인 앙리 코르므리가 1905년 스무 살의 나이에 모로코전쟁에 참전했던 장면이 등장한다. 앙리와 함께 전쟁터에 있었던, 현재는 학교 교장인 르베스크라는 남자가 당시의 일을 회상한다.

당시 두 사람은 야간 경계 근무 중 바위투성이 협곡에서 사망한 전우를 발견한다. 르베스크는 당시 상황을 구체적으로 묘사한다. "이상하게도 달을 바라보듯 머리가 뒤로 꺾인" 시신을 처음 발견했을 때 얼굴이 어딘가 기이하게 변형되어 있어서 누군지 제대로 알아보지 못했다. "하지만 상황은 아주 간단했다. 그의 목은 칼에 찔려 있었고 창백하게 부풀어 오른 채 그의 입에 물려 있던 덩어리는 다름 아닌 그의 성기였다." 잘린 성기가 입 안에 쑤셔 넣어진 시신은 100여 미터 떨어진 두 번째 경비 초소에서도 발견되었다.

르베스크는 앙리 코르므리를 단순하고 부지런하면서도 붙임성이 있고 정의로운 인간이었다고 회고한다. 그러면서 코르므리가 그날처럼 분노하는 모습을 본 적이 없다고 털어놓는다. 처참한 시체를 발견한 코르므리는 이런 짓을 저지른 자들은 인간도 아니라며 "인간이라면 이럴 수 없다"고 말했다. 그때 르베스크는 '그들' 편에서 생각하며 변론을 시도했다. 지금은 전쟁 중이고 우리가 그들의 땅에 왔으니 그들 나름대로 가능한 모든 수단을 동원하고 방어하는 것은 당연하다고 말이다. 하지만 코르므리는 마음을 가라앉히지 못한 채, 미친 듯이 화를 내며 소리쳤다.

"아니야, 인간이라면 이래서는 안 되는 거야. 인간은 스스로를 억제할 수 있어야 해. 그게 바로 인간이지. 그렇지 않다면…."

잠시 뒤 안정을 되찾은 그는 이렇게 말을 잇는다.

"나는 가난해. 고아원 출신이거든. 제복을 입고 억지로 전쟁터에 끌려오긴 했지만, 그래도 난 내 자신을 통제할 수 있어."

르베스크가 이 말에 토를 달며 제 자신을 통제 못하는 프랑스 사람들도 있다고 말하자 코르므리가 한마디를 던졌다.

"그러면 그들도 인간이 아닌 거지."

여기에 덧붙여 문학 전문 저널리스트인 이리스 라디쉬가 펴낸 알베르 카뮈 평전에는 카뮈의 아버지 뤼시엥 오귀스트 카뮈의 삶을 엿볼 수 있는 대목들이 있다. (알베르 카뮈는 아버지에 대해 거의 알지 못했다. 그의 아버지는 카뮈가 태어난 후 몇 달 뒤에 1차 세계 대전에 징집되어 전사했기 때문이다.) 소설 속 앙리 코르므리처럼 카뮈의 아버지도 모로코 전쟁에 참전한 군인이었으며 아틀라스 산맥에서 전쟁을 치렀다. 또한 라디쉬에 따르면 "인간이 자신을 통제하는 것은 인간관계에 필요한 예법이라는 말 역시 실제로 알베르 카뮈가 자신의 아버지와 친분이 있었던 어느 노교사로부터 전해 들은 내용"이라고 한다.

이제 시선을 살짝 옮겨볼까 한다. 사람의 목을 칼로 찌르고 성기를 잘라 입 안에 밀어 넣는 행위는 의지할 데 없는 타향 출신의 남성과 여성 및 아이들이 탄 버스를 막아서며 그들을 위협하고 모욕을 퍼붓는 행위와는 분명 다르다. 하지만 인간으로서의 존엄을 무너트린다는 점에서 본다면 둘 사이에는 큰 차이가 없다. 그리고 자신의 잘못된 언행을 사과하기 위해 찾아간 어떤 남자의 모습은 우리에게 다소 익숙한 장면이다. 사과는 우리 인간이 할 수 있는 최소한의 행위 중 하나이다.

카뮈는 간결하면서도 깊이 있는 방식으로 인간이 갖추어야 할 가치를 강조하곤 했다. 그중에서도 1947년 발표한《페스트》는 품위라는 가치를 근본적으로 파헤친다. 카뮈의 가장 유명한 소설 중 하나인《페스트》는 독일인에게도 시사하는 바가 크다.

소설에서 카뮈는 알제리의 해안 도시 오랑에서 페스트, 흔히 흑사병이라 부르는 전염병이 급작스럽게 발발해 확산되는 과정을 생생히 그린다. 처음 이 도시에서 갑자기 죽은 쥐가 발견되었을 때 사람들은 아무것도 알지 못했다. 이후 수많은 사람들이 속속 열병에 걸리기 시작했고 도시의 모든 사람들이 죽음을 직면하게 되자 성곽에 둘러싸인 소도시 오랑은 성문을 모두 닫아버린다. 더 이상 그 누구도 밖으로 나갈 수 없었고 수천 명의 사람들이 역병의 희생자가 되었다. 시민 중 몇몇은 이 역병과 맞서 싸우기 위해 고군분투했다. 예를 들면 의사 리유와 신부 파늘루 같은 이들이다. 흑사병의 기세가 점차 약해지고 도시가 다시 정상 궤도로 접어들었음에도 병원균은 완전히 정복되지 못했다. 그 이유는 소설의 말미를 보면 알 수 있다.

"페스트균은 결코 죽지도 사라지지도 않는다. 이 균은 수십 년 동안 가구나 속옷에 잠복할 수 있으며 방·창고·손수건·여행 가방 그리고 잡다한 서류들 속에서 끈질기게 살아남아 기다릴지도 모른다. 그러다가 어느 날 페스트는 인간에게 불행과 가르침을 주기 위해 다시금 저 쥐들을 잠에서 깨워 이들을 어느 행복한 도시에 내몰며 죽음에 이르게 할지도 모를 일이다."

나는 우테 하인리히 박사의 논문에서 "소설 속 묘사는 페스트균의 특성에 정확히 들어맞지 않는다"는 문장을 보았다. 그는 〈의학적 관점으로 접근한 카뮈의 소설 《페스트》〉라는 논문을 통해 세균은 "서류들" 속에서 수십 년 동안 살아남을 수 없다고 밝혔다. 카뮈 또한 이 사실을 분명히 알고 있었다. 훗날 카뮈는 소설에서 그려진 상황과 질병은 일종의 메타포였으며 흑사병은 인간을 위협하는 악을 '우의적'으로 상징한 것이라 말했다. 당시의 정황으로 미루어 볼 때 여기에서 악은 국가사회주의, 즉 나치즘이라 할 수 있다. 카뮈는 작품을 쓸 때마다 나치 독일에 점령된 프랑스 지역에 머물렀고 레지스탕스로도 활동했기 때문에 이런 추측이 충분히 가능하다.

소설의 주요 인물인 의사 리유는 (책의 마지막 부분에서 또렷이 드러나듯) 오랑에서 벌어진 사건을 연대별로 기록한 작가이기도 하다. 다시 말해 《페스트》는 의사 리유를 서술자로 한 소설이다. 리유는 흑사병을 운명과 같은 거대한 힘이라 여기며 맞서 싸우지만 모든 것을 마비시키는 어둡고 무시무시한 운명 앞에서 무력감을 느낀다. 소설 후반부에는 지금은 흑사병이 일단 지나갔으나 그럼에도 결코 완전히 정복된 것은 아니라는 표현이 나온다. 한편 1942년에 출간된 《이방인》에는 "세상의 애정 어린 무관심"이라는 문구가 나오는데, 이는 세상이 무관심에 지배되었다는 뜻으로 해석할 수 있다. 언뜻 보면 사뭇 다른 두 소설이지만 큰 틀에서는 비슷한 세계관을 가진다고 볼 수 있다.

아무튼, 그럼에도 불구하고 리유는 투쟁을 지속한다. 카뮈는 이 투쟁이 인간의 본능에 속한다고 생각했다. 이리스 라디쉬는 카뮈 평전에서 《이방인》의 주인공 뫼르소가 자신의 행복을 무관심에서 찾으려 하듯, 《페스트》의 리유는 투쟁에서 삶의 기쁨을 찾고자 한다며 카뮈가 그리는 주인공들의 태도는 변화했으나 두 캐릭터 모두 카뮈가 생각하는 생과 깊이 연계되어 있다고 풀이한다. 그러면서 라디쉬는 다음과 같이 부연한다.

카뮈는 인간의 생에 온갖 것들이 존재한다고 생각했다. 그는 이성과 합리처럼 차별화하기 어려운 개념들을 구별하고 위계 질서화하면서 뒤죽박죽 섞었다가 나란히 세우기도 한다. 이를테면 비동시성의 동시성인 것이다. 인간의 삶 속에서는 언제 어디에서나 비동시성의 동시성이 일어난다. 갑작스럽게 기상천외한 행운이 닥칠 수도 있으며, 고삐 풀린 망아지처럼 삶이 제멋대로 날뛰면서 우리를 괴롭힐 수도 있다.

소설에서 리유는 신문 기자 랑베르와 사랑과 죽음 그리고 영웅주의에 대해 논쟁을 벌인다. 리유는 역병과 싸우는 자신의 행위가 영웅주의와는 무관하다고 주장한다.

"이건 품위의 문제입니다. 비웃을지 모르겠지만, 페스트와 맞서 싸울 수 있는 유일한 방법은 바로 품위입니다."

"품위가 뭔데요?"

랑베르가 갑자기 진지한 태도로 물었다.

"저도 그게 일반적으로 무슨 뜻인지는 잘 몰라요. 하지만 제가 지금 처한 상황에선 품위가 무엇인지 알아요. 제 본분을 끝까지 수행하는 것이지요."

리유는 의사로서 이웃들이 겪는 고통을 없애거나 최소한 완화시키고자 노력한다. 그의 직업은 꽤나 유용한 수단이기에 이 수단을 십분 활용한다. 그는 타인의 고통을 보고도 무감한 사람이 아니므로 자신의 본분을 기꺼이 수행하며 그들의 고통을 덜고자 한다. 그는 근본적으로 타인과 연대감을 느끼며 다른 이들의 고통에도 함께 괴로워하는 사람이었기 때문에 그 사태를 가만히 보고 있을 수가 없었다. 이런 이유에서 리유는 자신의 일을 끝까지 해낸다. 침착하고 냉정하게 그리고 객관적이며 적극적인 자세로 말이다.

나치 점령 시절 카뮈가 레지스탕스 지하 신문사에 기고했던 편지글은 《독일 친구에게 보내는 편지》라는 제목으로 1943년과 1944년에 출간되었다. 그는 이 글에서 "부조리한 운명에 대항하여 싸우려면 사람들이 연대 의식을 되찾아야 한다"라고 말하며 자신 또한 이에 부합하는 행동을 하겠다고 다짐한다. 라디쉬는 카뮈 평전에서 이렇게 적는다.

시대가 시대인 만큼 당시에는 인간으로서 갖추어야 할, 지극히 기본적인 품위와 존엄이 요구되었다. 카뮈에게 인생 철학은 그저 하나의 시민이자 인간으로서 인간다운 존엄과 명예를 갖추는 것이었다. 그는 "한 인간이 그 무엇도 하지 않고" 무심코 시대를 지나친다면 아무런 가치도 없다고 여겼다.

우리는 이 책을 시작할 때만 해도 품위라는 개념에 대한 명확한 정의를 내릴 수 없었다. 그런데 여기까지 다다르니 그 개념에 조금은 가까워진 듯하다. 한 인간이 스스로를 통제하는 행위라고 말이다. 아니면 살을 좀 더 붙여서 이렇게 표현하는 건 어떨까. 품위란 다른 이들과 기본적인 연대 의식을 느끼는 것이며, 우리 모두가 생을 공유하고 있음을 느끼는 것이라고. 또한 삶에 대한 근본적인 문제의식은 크든 작든 모두 동일하게 중요하며, 이를 일상의 모든 상황 속에서 당연하게 받아들이는 마음이라고 말할 수 있겠다.

∽

친구가 말했다.

"한데, 우리가 살아가는 세상은 너무 복잡하단 말이지."

"포퓰리스트들도 그렇게 말해."

"아니지. 그들은 세상이 단순하다고 말해. 원래 단순했던 걸 우리가 복잡하게 만들었고, 이를 다시 되돌릴 수 있다고 말하지. 하지만 그들의 주장은 당연히 말도 안 되는 소리야. 이를테면 우리는 너무 많은 걸 알고 있어. 따라서 세상은 점점 더 복잡해질 수밖에 없어. 이걸 어떻게 되돌릴 수 있겠어?"

"그럼 더 적은 지식을 가져야 하는 건가? 도널드 트럼프가 문제를 해결하는 방식도 그런 식이잖아. 아무것도 모르면서, 그럼에도 국가를 다스리지. 물론 우리 모두가 충분한 지식을 갖출 수는 없어. 늘 한계는 있으니까."

"지금 우리는 지식의 과부하에 시달리고 있어! 그렇다고 달라져야 한다는 소리는 아니야. 달라질 수도 없고. 지금보다 뭔가를 더 모르던 시대로 회귀할 수는 없지. '원칙적으로' 오늘날 우리는 거의 모든 것을 알 수 있어. 네가 방금 주문한 이 맥주가 어떤 조건에서 제조되었는지 네가 원치 않더라도 쉽게 알 수 있지. 네가 어제 먹은 아보카도를 생산하는 데 엄청나게 많은 양의 물이 소모되며, 아보카도가 자라는 경작지를 위해 숲 하나가 통째로 개간된다는 사실도 너는 잘 알고 있을 거야. 겨울 휴가철마다 네가 가족들과 경주를 벌이는 스키 활주로는 알프스 산맥의 환경과 생태계를 뒤흔들었고 그 지역에서 삐걱거리던 산업을 완전히 바꾸었어. 이 역시 잘 알고 있겠지. 현재 우리에게 벌어지는 거의 모든 일들에 대해 알고 있거나 혹은 마음만 먹으면 모든 걸 어렵지 않게 알 수 있어. 그리고 넌 이 지식을 바탕으로 품위 있고 올바른 삶을 추구할 수 있어. 어떤 것은 하고 또 어떤 것은 하지 않고 빠져나가면서 너는 때론 뿌듯함을 느끼고 또 가끔은 불쾌한 기분을 느끼겠지. 하지만 내면에서 벌어지는 모든 감정의 충돌을 온전히 소화하고 화합시키는 일은 그리 쉽지 않아. 사실 넌 그럴 때마다 무엇을 어떻게 해야 하는

지도 잘 모를 거야. 너는 직업이 있고 가정도 있는 데다 혼자서 처리해야 하는 걱정거리들도 많지. 이 걱정은 세상사와 관계없이 네가 개인적으로 풀어야 하는 문제이고 네가 가진 에너지의 상당 부분을 소비하지. 그래서 너는 스스로 품위를 지키지 못했을 때 벌어지는 내면의 충돌에 신경 쓸 여력이 없어. 즉 이 세상을 구하는 데 쓸 에너지가 충분치 않을 거야. 그러다 보면 세계를 구하는 일도 부담스럽게 여겨지겠지. 그럼 결국 인생의 기본 원칙이 하나 생기게 돼. 과도한 부담을 지지 말자 같은 단순한 원칙. 이런 원칙이 세워지면 뭔가 부담스럽고 과하다 느껴지는 상황에서 우리는 타인이나 자기 자신을 향해 공격성을 드러내게 되지. 한 번이라도 삶의 과부하를 경험해본 사람이라면 이게 무슨 뜻인지 알 거야. 그리고 공격성은 우리가 지금 다루는 문제의 한 부분이기도 해."

"너 고기 먹지?"

"그건 왜? 내가 너무 공격적인 것 같아? 너도 육식이 사람을 공격적으로 만든다고 생각해?"

"조금 전에도 이야기했지만, 요즘 많은 사람들이 고기를 먹어야 할지 말지를 두고 한창 논쟁 중이잖아. 그래서 너도 고민 중인가 싶어서. 대체 얼마나 많은 사람들이 이 문제에 치중하고 있는지 궁금하기도 하고."

"내 생각엔 그렇게 많지는 않은 것 같아. 하지만 네 주변 지인들이나 내 생활 반경에 속한 사람들 중에는 꽤나 많은 이들이 이 문제를 심각하게 다루고 있지. 그리고 특히 젊은 사람들 사이에서 육식은 갈수록 뜨거운 논쟁거리가 되고 있어."

"음식에 대한 이야기나 육식 또는 육식을 하지 않는 문제는 이미 다른 여러 책에서 논의된 바 있어. 이건 오늘날을 살아가는 우리가 결정해야 하는 과제야. 부모 세대는 전혀 겪지 않은, 새로운 결정이 우리 앞에 놓인 거지."

"나는 채식주의자가 아니야. 난 좋은 술과 음식이 나오는 선술집을 정말 사랑해. 그리고 제대로 만든 슈바인스학세(돼지의 발목 부분을 구워 요리한 독일 전통 음식.─옮긴이)를 참 좋아하지. 슈바인스학세를 만들려면 돼지 한 마리가 죽어야 해. 나도 그걸 잘 알아. 그래서 맛없는 학세가 나오면 죄책감이 더 오래 가. 가죽처럼 질긴 껍데기를 가진 맛없는 학세가 되기 위해 돼지 하나가 죽어야만 했다는 사실이 너무 싫거든. 결국 돼지는 맛없는 학세라는 이름만 얻고 죽은 셈이니까."

"아마 우리의 문화도 차츰 달라질 거야. 어쩌면 언젠가 우리 인간은 슈바인스학세를 먹는다는 이유로 스스로를 잔인하고 야만적이라고 느끼게 될지도 모르지. 오늘날 사람을 제물로 바친 아즈텍인들을 잔인하다고 여기는 것처럼 말이야. 하지만 당시 아즈텍인들에게는 옳은 일이었을 테지."

"네가 아즈텍에 대해 아는 바에 의하면 그렇겠지."

"그러니까, 내가 하고픈 말은 이거야. 예전에는 너와 관련된 결정들도 다른 이들이 내렸어. 예컨대 사회 공동체라든가 교회에서 너에게 해당되는 문제의 결정을 내렸고. 그런데 오늘날엔 각 개인이 스스로 결정을 해야 하지. 그 결정의 근거도 스스로 찾아야 해. 내가 나를 설득해서 타당하다 생각되면 결정을 하는 거야. 그러면서 교회나 노동조합 같은 여러 관련 기관들의 의미가 사라졌어. 이런 기관들은 나름의 방식으로 약간의 통제 기능만할 뿐, 예전에 지녔던 가치는 차차 퇴색되고 있지."

"문제를 너무 단순화시키지 마."

"정말 그렇다니까. 많은 기관들이 제 역할을 하지 못하고있잖아."

나는 이렇게 말한 다음 주문한 맥주를 들이켰다. 그리고 잠시 동안 끊어진 대화를 잇기 위해 다시 말을 꺼냈다.

"그건 그렇고, 나는 우리가 너무 많은 것을 알고 있다고 생각하지 않아. 난 오히려 우리가 뭔가를 너무 모를 때가 빈번하다고 생각해. 우리는 스스로 굉장히 많은 걸 알고 있다고 느끼곤 하지. 그런데 그건 우리가 매 순간 어디선가 정보를 얻거나 의지와 상관없이 쏟아지는 정보에 파묻히기 때문이야. 하지만 실제로 우리는 지식의 핵심이 아닌, 그저 지식의 표면이나 핵심으로 가는 중간 단계 정도만 알고 있을 때가 종종 있어. 그렇게 지식의 맥락을 알지도 못하고 배후 관계가 빠진 상태에서 충동적이고 즉흥적으로 반응하곤 하지. 정치 현상을 해석할 때도 이랬다저랬다 도무지 갈피를 잡지 못하잖아. 오늘날 우리가 처한 현실이 그래. 그럼에도 우리는 이 현실에서 벗어나면 안 돼. 도리어 적극적으로 참여해야 해."

내 말을 들은 친구가 어깨를 으쓱거리며 말했다.

"우리 현실이 그렇긴 하지. 그래서 넌 뭘 하고 싶은데?"

"적어도 우리 현실이 이렇다는 걸 분명히 자각해야 하지 않을까? 스스로 인정하고 받아들이는 자세야말로 품위가 아닐까 싶어. 그리고 우리가 미덕이라 여기는 가치를 끊임없이 의심하면서, 자기 확신을 조금 낮추어 잡는 것이 이성적인 태도라 생각해."

〜

나는 이 책의 원고를 쓰면서 미국의 저널리스트이자 다큐멘터리 감독인 세바스찬 융거의 《트라이브, 각자도생을 거부하라》를 읽었다. 책에서 융거는 공동체에 속한 인간의 정신적 욕구에 특히 집중하면서 다음과 같은 질문을 던진다. 왜 수많은 아메리카 식민지 개척자들과 그들의 가족은 아메리카 원주민들에게 잡혀 있다가 풀려난지 수세기가 지났음에도 다시 아메리카 원주민들과 살고자 돌아가려는 것일까? 전쟁을 치르고 돌아온 군인들은 왜 또 다시 자원해서 새로운 전장으로 떠나는 것일까? 이들이 편안하고 안락한 현대 사회의 삶을 견뎌내지 못하는 이유는 무엇일까? 나치의 런던 대공습에서도 살아남은 사람들은 도대체 왜 당시를 주로 긍정적인 기억으로 떠올리는 것일까? 외부의 위험에 대항하여 함께 맞서야 하는 상황이 벌어질 때, 정신 질환이 즉시 사라지는 이유는 무엇일까? 그러면서 융거는 영국에서 대공습이 일어날 무렵 이를 목격한 미국인의 한마디를 인용한다.

왜 거대한 재앙은 이처럼 '건강한 정신 상태'를 초래할까?

융거는 '박탈감'이라는 감정으로 의문의 실마리를 풀려 한다.

박탈감은 인간이 아무것도 할 수 없게 만든다. 심지어 인간은 박탈감에 예속되어 그로부터 쉽게 벗어나지 못한다. 박탈감 속에서 인간은 스스로 불필요한 존재라는 기분을 느끼며 고통스러워한다. 현대 사회는 박탈감을 통해 인간이 자신의 쓸모없음을 실감하기에 거의 완벽한 조건을 갖추고 있다.

책에서 융거는 이러한 감정이 단순한 부족 사회에서는 결코 존재하지 않았다고 말한다. 부족 사회에서 인간은 모두 정해진 위치와 주어진 업무가 있었다. 이 사회적 공동체는 인간의 삶에 의미와 전망 그리고 구조를 부여했다. 부족 사회에서 인간은 "다른 이들과 매우 안정적인 결합 관계를 경험"했다. 사회적 격차나 경제적 풍요의 차이 그리고 지위의 문제는 부족 사회에 존재하지 않았다. 그러므로 인간이 특정한 상황 속에서 다시 '원위치'로 돌아가려는 이유는, 오래전부터 우리 몸에 유전적으로 새겨진 행동 때문이다. 도시에서 범죄 사건이 벌어질 때마다 신문 기사에는 늘 비슷한 내용이 등장하는데, 즉 시민들이 놀라울 정도로 높은 단결력을 보였다는 것이다. 이는 우리가 선조로부터 물려받은 유전적 행동이라 볼 수 있다. 그런데 융거의 말처럼 외부의 위협이 사라지면 시민들은 다시 현대인으로 돌아와 연대와 단결을 잊고 만다. 고유의 관심사 외에 아는 것이 없는 현대인은 사적인 어려움 또한 타인과의 관계를 통해서 해결하지 않고 홀로 풀어내려 한다.

앞에서 우리는 하라리와 아피라의 책을 통해 이와 유사한 이야기를 다뤘다. 인간의 감정과 본능은 수만 년 넘게 소규모 지역 공동체 안에 머물며 형성된 것이다. 이 공동체는 인간에게 안락함과 안전을 보장해주었다. 하지만 이 공동체를 잃으면서 인간은 상처와 스트레스를 받게 되었다. 인류의 이 과정을 이해하지 못하면 우리는 현대 사회에 닥친 수많은 문제들을 제대로 해석할 수도, 풀어낼 수도 없다.

융거는 전쟁터에서 고향 미국으로 돌아온 참전 군인들의 감정에서 일종의 박탈감을 확인할 수 있었다고 적고 있다. 본국으로 돌아온 군인들은 감당하기 힘들 정도의 안락함과 풍요로움에 충격을 받았다. 다시 말해 "전쟁터에 있었던 사람에게 하나의 사회에 속하여 산다는 것은 도무지 받아들이기 어려운, 아득하고 암담한 현실"인 것이다. 게다가 전쟁터와 달리 미국이라는 대규모 사회 공동체는 물질적 풍요와 함께 복잡다단한 사회 문제를 안고 있다. 인종 간의 임금 격차는 더욱 커지고 있고, 노년층은 삶에 적극 관여하지 않으며 총격 사건은 너무나 자주 발생하여 아무런 사건 없이 이틀을 넘기는 날이 드물 정도다. 또한 사람들은 다른 부류에 속한 타인들을 경멸하기 일쑤다. 부유한 사람들, 가난한 사람들, 외국에서 태어난 사람들 그리고 정치인들을 향해 중구난방으로 모멸과 무시가 난무하는 사회에서 참전 군인들은 적잖은 충격을 받는다. 사람들은 끊임없이 차이를 강조하고 모든 관심은 그쪽을 향해 있다. 이에 마운트 시나이 병원의 정신 의학자 레이첼 예후다는 세바스찬 융거와의 인터뷰에서 이런 질문을 건넨다. 그럼에도 인간은 더불어 살 수 있을까? 서로 공존하길 원한다면 차이가 아니라 서로 간의 연결점에 초점을 맞추어야 하지 않을까? 그렇다면 우리 인간들 사이의 연결점은 무엇일까? 우리 모두가 인류라는 공통점이 하나의 연결 고리가 되지 않을까?

책에서 융거는 카뮈와 무척 유사한 맥락으로 "연대감을 느끼는 능력"을 강조한다. 즉 인간인 우리 모두에게는 연대 의식을 느끼는 능력이 있다는 것이다. 융거의 책은 미국 사회를 중점적으로 조명하고 있지만, 그의 논지는 미국뿐 아니라 영국이나 독일처럼 위기에 놓여 있는 모든 현대 사회에 해당한다고할 수 있다. 이들 사회에 속한 사람들은 뿔뿔이 흩어져 표류하고 있다. 현대 사회의 문제가 바로 이 지점에 있는 것이다.

현대인들은 우리가 살아가는 방식이 어딘가 잘 맞아떨어지지 않는 이유를 이해하지 못한 채 무언가 잃어버린 기분을 느끼고 있다. 삶의 방식이 세상과 엇박자를 내는 이유와 잃어버린 무언가를 찾지 못하는 한 현대 사회는 똑같은 문제와 고민을 계속 안고 있을 수밖에 없다. 이와 관련하여 다음과 같은 질문들이 속속 떠오를 수 있다.

2017년 런던의 한 낡은 고층 아파트에서 건축 결함이라는 참담한 이유로 화재가 발생했을 때 여든 명에 가까운 사람들이 목숨을 잃어야만 했다. 반면 거기에서 그리 멀지 않은 곳에 위치한 호화로운 저택들은 대부분 텅 비어 있었다. 집 주인들이 저택을 그저 투자 대상으로 사 놓았기 때문이다. 우리는 이 둘 사이의 간극을 어떻게 이해해야 할까?

미국의 러스트 벨트(미국의 자동차, 철강 산업의 주축이었던 중서부와 북동부의 공장 지대. 미국 제조업의 몰락을 상징한다. ─옮긴이)에 사는 어느 가정은 아버지의 임금이 25년째 오르지 않아 아이가 병이라도 걸리면 곧바로 생사의 위협에 놓인다. 2008년 금융 위기는 사기꾼 같은 은행 및 투자 전문가들에 의해 야기되었다. 이는 900만 미국인들의 일자리를 앗아간 데다 300만에 달하는 가정을 무너트렸고 실업률을 10퍼센트대로 올렸다(융거는 여기에 더해 이 재앙으로 수많은 사람들이 목숨을 잃었다며, 지난 수백여 년 동안 실업률과 자살은 긴밀한 상관관계를 형성했다고 강조한다). 하지만 금융 위기를 유발한 책임자들은 누구도 해명하지 않았고 문책을 당하지도 않았다. 처벌이나 비난을 받는 대신 오히려 반대로 추가 보너스를 받았다. 이 모든 차이와 격차, 아이러니를 어떻게 설명해야 할까?

현재 우리는 하나의 사회 안에 각각 새로운 관점과 생활 방식 그리고 새로운 언어와 종교에 속한 이들이 한데 모여 살고 있다. 그러면서 동시에 낯선 사람들을 향한 두려움 때문에 함께하기를 꺼려하고 있다. 온갖 새로운 양식들로 인해 기존의 익숙한 삶이 더 이상 지탱되지 않을까 불안해하고 있는 것이다. 이 같은 현실에서 우리는 어떻게 해야 더불어 살 수 있을까?

2017년 3월, 《디 차이트》는 다양한 직군 및 계층에 있는 사람들을 대상으로 삶의 이력과 일상에 대해 묻고 답한 내용을 정리한 기사를 실었다. 그 대상에는 기업 경영인, 해직자, 폭스바겐 건물 관리를 맡은 임시직 노동자, 검사, 난민 지원 자원 봉사자 그리고 한부모 가정의 어머니 등이 있었다. 당시 인터뷰를 진행한 기자는 이들과 인터뷰를 마무리하는 과정에서 문득하나의 공통점을 발견했다.

각 사람들의 인생을 살펴보니 모두 갑작스럽게 어려움에 빠졌다는 것을 알 수 있었다. 이런 어려움은 그들이 '이 나라'에 속했기 때문에 어쩔 수 없이 겪어야만 하는 문제들이었다. 이를테면 국가의 명령이 공정했거나, 경영자가 기업을 과도하게 확장하지 않았더라면 벌어지지 않았을 문제였다. 혹은 범법 행위의 희생자가 분명함에도 도리어 범인이 되어버린 경우도 있었다. 또는 독일로 건너와 이 나라의 규칙을 제대로 지키지 못했기 때문에 어려움에 직면했거나, 아버지가 자녀의 양육비를 신경 썼더라면 생기지 않았을 문제로 난관에 봉착하기도 했다.

이들이 겪은 모든 역경은 인간이 품위 있는 행동을 하지 않을 때 벌어지는 문제와 결부되어 있었다.

≈

친구가 말했다.

"내 생각엔 한 사회가 견뎌낼 수 있는 불평등의 정도가
정해져 있는 것 같아. 불평등이 너무 커져서 일정 수준의
경계를 넘어서면 그 사회의 구성원들은 소속감이나 응집
력을 잃지 않을까? 어디선가 읽었는데, 한 사회 내에서
불평등이 더 커질수록 살인 건수도 더욱 높아진다고 하
더라. 불평등과 폭력은 서로 상관관계가 있다는 거지."

"그거 흥미롭네. 난 오늘 아침에 사회학자 오스카 넥트
의 인터뷰를 하나 읽었거든. 인터뷰는 넥트가 연대했던
1968년 학생 운동에 초점이 맞춰져 있었어. 당시 넥트는
APO Außerparlamentarische Opposition (의회외부저항운동. 독일
68운동 당시의 공식 활동명.—옮긴이)의 대변인 중 하나였지.
인터뷰 후반으로 가니 자연스럽게 최근의 포퓰리스트 정
치인에 관한 내용으로 이어지더군. 그들에 대해 넥트는
이렇게 말했어. '시민적 품위를 무시하고 방치하는 행태
가 견딜 수 있는 수준을 넘어섰다.' 이 문장에서 나는 '시
민적 품위'라는 단어가 유독 눈에 들어왔어. 저명한 좌파
사회 철학자가 이런 표현을 사용하다니 다소 놀랍기도

하더군."

"어째서?"

"난 이상하게도 '시민적 품위'라는 개념을 떠올리면 '부富'
나 '풍요로움'이 연상돼. 그러니까 부유함 그 자체가 아니
라, 사람이 부를 다루는 태도 같은 것 말이야. 오늘날 시
민은 자유와 평등을 누리는 국가 사회의 일원을 의미하
지만, 원래 시민이라는 단어는 중산층 또는 부르주아처
럼 특정 계급을 지칭했으니까. 아무튼 뭐 사회학적으로
깊이 생각한 건 아니고 꽤나 단순한 생각이긴 한데, 예를
들면 내가 느끼는 시민적 품위란 이런 거지. 한 인간이
자신의 부를 포르노 전시하듯 적나라하게 드러내지 않으
려고 고유의 욕망을 통제하는 자세를 일컬어 시민다운
품위라 할 수 있지 않을까 싶어. 다른 사람들도 그러하듯
이 나도 그냥 하지 않는 거야. 그런데 이런 태도는 어느
정도 잘 지켜지다가 언젠가 선을 넘게 되지."

"언제 그러는데?"

"네가 말했던 '결속'이나 '연대' 같은 게 무너졌을 때 이런
현상이 두드러져. 한편에 있는 사람들은 더 이상 감당이
안 될 정도로 엄청난 부를 얻는 반면, 다른 한편에서는
의료 보험료조차 낼 수 없는 소시민들이 빈곤에 허덕인
다고 생각해봐. 그런 사회가 어떻게 제대로 굴러갈 수 있

겠어? 그 나라는 언젠가 산산이 찢어지고 흩어지겠지."

"그러면 시민적 품위가 상실되는 건 사회 분열이라는 문제의 원인이 아니라 오히려 문제의 발현이라고 해야 옳겠네?"

"그렇게도 볼 수 있지. 하지만 시민적 품위의 상실은 문제의 발현이면서 동시에 또 다른 문제들을 초래하기도 해. 마치 나선형처럼. 그나저나 지금 우리는 줄곧 미국 사회에 대해 이야기하고 있었지? 반면에 독일에선 품위와 관련된 사회 정책적 입법을 추진한 사례가 있잖아?"

"우리, 그 품위라는 개념을 너무 복잡하게 만들지 말자."

∞

솔직히 말해서 나는 세바스찬 융거가 소개한 몇몇 사례들에 확신이 가지 않는다. 예컨대 아메리카 식민지 개척자들이 아메리카 원주민들의 삶을 미화하며 돌아가려 했다거나, 런던 대공습 당시 벙커에 숨어 있던 시절을 그리워하며 향수를 느꼈다는 사람들의 감정을 이해하기란 쉽지 않다. 나의 조부모님도 오랜 시간을 벙커에서 보냈다. 물론 런던은 아니고 독일에서였다. 그 시간은 두 분에게 심각한 정신적 외상, 트라우마를 남겼다. 그래서 나에게 전쟁은 늘 괴로운 감정으로 기억된다. 몹시도 아픈 상처이기에 우리 집에서는 그 누구도 당시에 대한 이야기를 꺼내지 않는다.

얼마 전 《가디언》에 실린 융거의 책을 다룬 기사에는 이런 내용이 있었다. 런던 대공습 당시 벙커 안의 사람들 사이에 광범위한 결속이 형성되어 있어서 감시 및 감독을 자처한 자원봉사자들만으로도 질서가 유지되었으며 사람들을 통제하기 위해 경찰을 부를 필요도 없었다는 융거의 주장은 잘못되었다는 것이다.

"경찰과 감독관은 벙커에서 쉬지 않고 벌어지는 충돌을 종결시키고, 그곳의 질서를 유지하는 데 결정적인 역할을 했다."

기사는 이렇게 반박하면서도 여지를 남겼다. 이를테면 대공습이라는 극한의 상황에서는 병원처럼 부상자들이 즐비한 열린 공간에 머무는 것보다 벙커처럼 어둡고 폐쇄된 지하에 여럿이 모여 있는 것이 정신 질환 완화에 도움이 되었을 수 있다는 것이다. 다시 말해 융거의 주장에 흠이 있기는 하지만 완전히 틀렸다고 단정하기는 이르다는 것이다. 즉 외부의 위협은 내부의 결속을 이끌기도 하며 그 결속 안에서 개인은 심리적 안정을 얻기도 한다. 그렇다면 지금 우리는 어떤가? 현재 세계 시민의 상당수는 어떤 식으로든 끊임없이 위협을 받고 있으며 늘 위기에 처해 있지 않은가? 이러한 현실은 자연스럽게 우리를 결속과 연대로 이끌어야 하는 것이 아닌가? 그러나 실상은 다르다. 오늘날의 위협과 위기는 연대가 아닌, 오히려 그 반대인 끔찍한 내전으로 이어지곤 한다.

　더 멀리 가기 전에 이쯤에서 다시 우리의 주제로 돌아올까 한다. 지금까지 우리가 계속해서 고민하며 질문을 던졌던 그 문제를 다시금 깊이 살펴볼 때가 되었다. 나는 그 문제를 '절규'라 말하고 싶다. (이 책을 여기까지 읽은 독자라면 마땅한 다른 표현이 없다는 것을 알 것이다.) 공동체 안에서 다른 이들과 함께 의미 있는 삶을 꾸려가길 원하는 현대인들의 아우성 말이다. 오늘날 우리가 살아가야만 하는 세상은 대규모 공동체로 이루어져 있어서 다른 이들과 더불어 사는 것이 소규모 관계에서보다 훨씬 더 어렵고 복잡하다. 수만 년 넘게 작은 지역 공동체 안에서 살아온 인류는 그에 적합한 감정과 본능을 지니고 있기에 현대 사회는 공존과 공생을 실천하기에 어려움이 많다. 그래서 사회 곳곳에서 아우성이 터져나온다.

　어떤 사람이 나에게 이런 말을 한 적이 있다. 사회 공동체를 들여다보면 인간에게 존재하는 두 개의 커다란 두려움을 발견하게 된다고 말이다. 하나는 공동체로부터 소외되고 배척당하는 것에 대한 두려움이며, 다른 하나는 공동체로 인해 개인이 사라질지도 모른다는 두려움이다. 인간은 이러한 두려움을 품은 채로 공동체에서 타자들과 어울려 살아가기를 바란다. 그러면서 자신이 맡은 바를 완수하여 공존에 기여할 수 있기를 소망한다. 공동체에 필요한 사명이 자신에게 주어지기를, 그리고 그 안에서 쓸모 있는 존재가 되기를 바라면서.

그러나 세계화의 특징이 깊이 새겨진 사회에서 다수의 사람들은 자신이 쓸모없는 존재라는 기분을 느끼곤 한다. 세계화로 물든 사회는 개인의 자부심을 앗아가며 인간에 대한 존중을 가로막는다. 이런 사회는 사람들이 그저 조용히 속해 있는 것만으로 충분하다는 인상을 준다. 즉 개인의 적극적인 동참은 필요 없는 듯한 분위기가 조성되어 있는 것이다. 세계화 사회의 이 같은 분위기 때문에 가령 유럽이나 범대서양 무역투자동반자협정(2013년부터 협상을 시작한 미국과 유럽 연합 사이의 자유무역 협정. 트럼프 행정부가 들어선 이후 논의가 중단된 상태이다. ─옮긴이) 또는 정부의 통치 등을 떠올리면 한 나라의 경계 혹은 더 나아가 한 대륙의 경계를 통제하는 일은 도저히 불가능한 것처럼 보인다. 다른 건 몰라도, 인간은 자신의 인생만은 제대로 통제할 수 있기를 바란다. 한때 우리 사회는 민주주의가 통제의 한 부분을 담당했지만 오늘날 민주주의는 그 힘을 잃었다. 이제 더 이상 민주주의는 통제를 보장하지 못한다. 그로 인해 사람들은 가능한 모든 방법을 동원하여 어떻게든 통제의 힘을 되돌리려 애쓰고 있다.

이 책의 초반에 언급한 교통사고 현장에 대한 일화를 기억할 것이다. 당시 '품위를 잃은' 수많은 사람들이 사고 현장을 구경하고 동영상으로 찍기 위해 차를 세워둔 채 도로로 몰려나온 탓에 교통이 마비되고 구조대가 진입할 길목마저 막혔다는 이야기를 했다. 이들이 보여준 행동은 견딜 수 없이 무례했다. 그런데 만약 이 사람들이 각자의 차 안에서 아무것도 하지 않고 속수무책으로 앉아만 있었다면 이 또한 견디기 어려울 만큼 품위 없는 행동이 아니었을까? 그저 궁금해서, 구경하려고, 사진에 담으려고 사고 현장으로 다가간 것이 아니라 지극히 단순하게 '무언가를 해야겠다'는 욕구가 발동해서 발걸음을 옮겼다면 어땠을까? 통제의 힘을 되찾으려는 노력은 이처럼 행동의 작은 차이에서 시작되는 것은 아닐까?

교통 정체 구간에 있다 보면 무의미하게 경적을 울리거나 타인을 향해 호통을 치는 사람들을 꽤나 많이 볼 수 있다. 이들 역시 스스로를 통제하려는 노력에서 벗어나 있다. 오늘날의 정치 현상을 생각해도 마찬가지다. 트럼프나 르 펜, 독일을 위한 대안이나 오스트리아 자유당(극우 민족주의 성향의 오스트리아 정당.—옮긴이), 또는 브렉시트를 선택하는 행동은 정체 구간에서 의미 없이 경적을 울리거나 바보같이 으르렁대는 것과 원칙적으로는 동일한 행동이라 보아야 하지 않을까? 모두 품위가 실종된 행동이지 않은가? 그럼에도 설명이 더 필요한가?

그럼에도 품위를 포기하지 않을 것이다

～∞～

내가 친구에게 물었다.

"내 인생에 원칙이 하나 있다면 '다른 사람을 대할 땐 무 조건 호의적인 태도를 취하기'라고 할 수 있어. 이러면 인 생관이 너무 단순해지나?"

"넌 아까 이야기한 마르쿠스 아우렐리우스의 문장들을 이미 삶 속에서 실천하고 있었네. 그가 그랬잖아. '네가 흔들림 없이 호의를 베푼다면 아무리 악한 인간이라도 어떻게 너에게 해를 가하겠는가.' 문득 생각났는데, 호의 와 친절에 관해선 앙겔라 메르켈도 빠지지 않는 것 같아. 그는 난민 수용 의사를 밝히면서 이런 말을 하기도 했지.

'긴급 상황이 발생하면 우리는 친절한 얼굴을 보여줄 것이다. 지금 그게 잘못되었다고 비난하면서 사과까지 하라는 사람들이 있는데, 그렇다면 그건 내 나라가 아니다'라고 말이야."

"나는 조금 다르지. 내가 말한 호의는 '긴급 상황'에만 해당하는 것이 아니야. 나는 어떤 상황에서든 누군가를 처음 만나면 기본적으로 친절하고 호의적인 자세로 대하려 하거든."

"왜 그래야 하는 거지?"

"어쩌면 그게 세상을 긍정적인 방향으로 바꿀 수 있는 유일한 길일 수 있으니까. 네가 만약 다른 사람을 바꾸려고 한다면 이내 실패하게 될 거야. 실제로 네가 변화시킬 수 있는 사람은 단 한 명뿐이지. 바로 너 자신. 자신 외에 다른 사람을 바꿀 수는 없어. 그러니까 너 스스로 세상을 보다 호의적으로 대한다면 아주 작은 티끌만큼이라도 세상은 더욱 나아지게 될 거야."

"딱 그거네. '사람들이 무슨 말을 하며 무슨 행동과 생각을 하는지 신경 쓰지 말고, 오직 자신의 언행을 올바르고 경건하며 선하게 하는 일에만 신경 쓰는 사람은 마음에 여유가 넘친다. 주변 사람들의 악하고 검은 마음을 엿보지 말고, 흔들림 없이 자신의 목표를 향해 너만의 길을 걸어가라.'"

"이번에도 마르쿠스 아우렐리우스야?"

"물론이지."

"그런데 그것만으로 충분할까? 동요하지 않고 나의 내면에만 집중하면서 옳은 언행을 한다고 세상이 조금이라도 달라지는 데 보탬이 될까? 만약 충분치 않다면 나는 여기에 또 다른 견해를 추가로 끌어올 거야. 이번에는 마르쿠스 아우렐리우스가 아니라 내 지인 중 하나인 부부 심리 전문가의 조언을 활용하려고. 자신의 아내와 함께 부부 상담 센터를 운영하고 있는 그 전문가가 말하기를, 심리 치료를 위해 수많은 부부들을 앉혀놓고 상담을 하다 보면 늘 서로를 향해 비난을 쏟아내기 일쑤래. 그런데 항상 모든 문장이 '너', '당신'으로 시작한다는 거야. '당신이 또 그랬잖아', '당신이 그랬어야지', '너는 절대 그럴 사람이 아니야', '너는 항상 그런 식으로 말하더라' 등등. 이렇게 일관하는 경우에는 치유가 쉽지 않다고 해. 반면 상담이 성공적으로 이루어지는 부부들은 하나같이 공통점이 있다고 하더군. 즉 두 사람이 서로를 향해 비난이나 질책을 퍼붓지 않고, 조금은 다른 방식으로 대화를 시도했다는 거야. 이처럼 대화의 방식이 달라지면 서로를 이해하기도 수월해지고, 심지어 관계도 더욱 개선됐다고 해. 다시 말해 관계 회복의 핵심은 상대방을 무조건 거부하지 않고 비난이나 지적 대신 대화의 여지를 남겨두는 거야. 그러다 보면 서로 타협점을 찾을 수도 있고 더 나아가 상대를 설득할 수도 있다는 거지. 여기에는 전제 조건이 있는데, 우선 두 사람이 서로를 적이라고 인식해서는 안 돼. 상대방도 나처럼 나름의 목표를 가진 사람이며 그 목표가 나와는 조금 다를지라도 그리 나쁜 목표는 아니라고 받아들여야 해. 어쩌면 상대가 두려움을 지닐지도 모른다고 상정한 다음 서로의 말을 진심으로 귀 기울여 듣겠다고 마음먹고 대화를 시작하는 거야. 그러면 모든 것이 완전히 달라질 수 있다는 거지."

"소설가 한스 팔라다가 동료 소설가인 에리히 케스트너를 평하면서 한 말이 있는데, 뭐였더라? 인간은 선하지 않다. 하지만 개선시킬 수는 있다? 뭐 이런 뉘앙스였잖아. 그 심리 전문가의 조언대로라면 차라리 이렇게 표현하는 편이 더 좋을 것 같네. 인간은 선하지 않다. 하지만 우리 모두는 스스로를 개선시킬 수 있다고 말이야. 어떻게 생각해?"

"그렇게 말하면 인간의 호의 안엔 처음부터 타인을 적으로 단정하지 않는다는 뜻이 담기게 되는 걸? 그런데 그 말에 전적으로 동의하기에는 다소 한계가 있는 것 같아.

호의를 품은 인간은 대체로 상대방을 적으로 여기지 않
으려 하지만 그럼에도 그 가능성을 완전히 배제하기는
어려울 거야. 상대가 무조건 선하다고 간주하지는 않지.
그래서 나는 이렇게 말하고 싶어. 우리 인간은 자신의 생
각과 감정을 고수하면서도 동시에 '적일 수도 있는' 타인
의 입장에 서서 상대방의 감정과 생각을 헤아리고자 노
력한다고 말이야."

"부부처럼 사적인 관계가 아닌, 사회 공동체 안에서 벌어
지는 논쟁에서도 그럴까? 그런 자세가 과연 유효할까?"

"당연히 유효하지."

"그렇지만 사회라는 공동체 안에선 권력 관계가 작동하
잖아."

"부부 사이에도 권력 관계가 존재하는걸?"

"사회적 논쟁에서 호의는 도구처럼 이용될 수 있어."

"너는 소위 '악인'이 아니잖아. 마르쿠스 아우렐리우스의
말처럼 끊임없이 타인에게 친절과 호의를 베풀려고 하는
사람이니까. 정말이지 세상에는 별의별 유형의 사람들이
다 있어. 비열하고 야비하며 못된 인간들도 가득하지. 그
렇다고 그들과 동떨어져 살 수는 없어. 어떻게든 같이 뒤
섞여 살아야 하지. 하지만 그런 부류의 사람들이 사회 분
위기를 해치는 걸 용인해선 안 돼. 더 이상 견딜 수 없는

지경에 이르렀다면 선한 태도로 친절을 베푸는 것도 멈추어야 해. 따라서 옳고 그름 앞에서도 모호한 태도를 취해서는 안 된다고 봐. 해야 하는 것과 하지 말아야 하는 것을 분명하게 구별하고, 그에 따라 흔들림 없이 언행으로 옮겨야 해. 물론 여기에는 기본적으로 친절한 태도가 깔려 있어야 하고."

"친절하다는 게 구체적으로 무슨 뜻이지?"

"이미 잘 알잖아. 내가 아는 어떤 사람은 논쟁이 격렬해지고 목소리가 커질 때마다 '모든 인간은 자유롭고 행복하기를 원한다'고 말하더군. 그러면서 이 말이 부처의 가르침이라고 주장하더라."

"'모든 인간은 행복하기를 원한다.' 이 말은 아리스토텔레스의 《니코마코스 윤리학》에 나오는 문구잖아."

"아리스토텔레스는 무슨 뜻으로 이야기한 걸까? 이 문장은 정확히 무슨 의미일까?"

"아마도 아리스토텔레스는…."

친구는 이렇게 운을 떼며 깊이 숨을 골랐다. 그리고 말을 이었다.

"인간의 목적은 행복이라 말하고 싶었겠지. 그냥 행복이 아니라 더없는 행복, '지복至福' 말이야. 아리스토텔레스가 말하는 지복은 영원불변한 것이 아니라 오직 현세에 국한되어 있어. 사실 행복, 지복이라는 말은 그리스어 '에우다이모니아eudaimonia'에서 왔는데, 번역되면서 그 뜻이 충분히 담기지 않은 것 같아. 원래 에우다이모니아는 복이나 만족스런 상태라기보다 삶의 조화, 즉 어디로도 치우치지 않는 '중용中庸'의 상태에 가깝지. 그런데 독일어권에선 대부분 이 개념을 그저 '행복'이라고 말해. 인간은 사회적 존재이기 때문에 다른 이들과 함께 무리를 이루어 사는 건 당연한 본능이야. 그래서 현대인들은 국가라는 집단을 만들어 그 안에 귀속됨으로써 안정과 행복을 추구하려 하지. 홀로 사는 인간은 행복을 누릴 수가 없어. 오직 여럿이 모인 공동체 안에서만 행복을 발견할 수 있지. 그렇기 때문에 국가의 주된 과업은 인간의 행복을 장려하는 일이야. 국가는 인간의 행복이라는 한정된 조건을 보장하기 위해 안보나 복지를 비롯한 수많은 요건들을 채우려고 부단히 노력해야만 하지. 인간의 행복이 보장되려면 우선 삶이 도덕에 기초를 두어야 해. 도덕성이라는 토대 위에서 자신의 삶을 발전시킬 가능성이 있어야 진정한 행복을 누릴 수 있으니까. 도덕성에 대해서 이야기하려면 끝도 없겠지만, 아리스토텔레스는 이렇게 규정하지. '다른 생물과 구별되는 인간 고유의 특성'이라고. 도덕성이 특별한 이유는 분별력과 사유 능력, 즉 이성적 판단을 가능케 하기 때문이야. 세상을 살아가는 인간은 도덕성을 바탕으로 삶을 꾸려가면서 무심코 관망하며 지나갈 때에도, 무언가에 열심히 몰두할 때에도 자신의 이성과 분별력을 동원하여 이치에 어긋나지 않으려 노력하지. 그래야만 행복, 아니 더 정확히 말하면 삶의 조화에 다다를 수 있으니까."

"뭔가 굉장히 숭고하게 들리는 걸. 그 분별력 있는 인간이 바로 너를 두고 하는 말인 것 같다! 하지만 앞서 '행복한 삶'을 운운했던 그 지인은 이와는 조금 다른 뉘앙스로 말했지. 그 사람이 말하길, 나 외에 다른 대부분의 사람들이 나와 같은 길을 가든 혹은 나와 다른 목표를 가지든 그들이 나와 다툴 수도 있으며 내 길을 방해할 수도 있다는 걸 일단 깨닫게 되면 나 아닌 타자를 바라보는 우리의 시선이 달라질 수밖에 없다고 이야기하더군. 여기에 더해 그들이 원칙적으로 나와 동일한 목표를 가졌다 하더라도 그들은 결국 나와 같은 것을 원하기 때문에 내가 원하는 행복과 기쁨 그리고 안전의 일부가 그들 및 그들의 가족에게 돌아간다는 거야. 따라서 이 사실을 한번 깨닫고 나면 이를 모르던 예전처럼 타인을 대할 수 없다고 하더군. 쉽게 말하면 모두가 행복하길 원하기 때문에 타자는 공존의 대상이라기보다 행복을 두고 나와 경쟁하거나 내 행복의 일부를 가져가는 대상이라는 거지."

"데이비드 포스터 월리스의 《이것은 물이다》라는 책 알아? 그가 2005년 오하이오 캐년 칼리지 졸업식에서 했던 축사를 정리한 책 말이야."

"정말 훌륭한 연설문이지. 참으로 대단한 명문이야."

〰

친구와의 대화에서 언급된 데이비드 포스터 월리스는 누구일까? 그는 1962년에 태어나 2008년에 세상을 떠난 미국의 작가로 글쓰기뿐 아니라 수학과 테니스에도 천부적인 재능을 지닌 인물이었다(수십여 년 동안 극심한 우울증을 앓았던 그는 끝내 스스로 목숨을 끊었다). 그가 펴낸 수많은 소설 및 대중 인문서 가운데 《랍스터를 생각해봐》라는 산문집은 인간이 랍스터를 먹는 일이 도덕적으로 정당화될 수 있는지 고민하는 내용이다. 또한 그의 단편집 중 하나인 《추악한 남자들과의 짧은 인터뷰》는 읽을 만한 가치가 매우 높은 책이다. 그의 유작인 미완성 장편소설과 무려 1000쪽이 넘는 소설 《무한한 재미》도 무척이나 훌륭하다. 이 소설은 말 그대로 벽돌처럼 두꺼운 데다 구성과 표현이 복잡하게 얽혀 있어서 읽기가 쉽지 않은 편이다. 그럼에도 내가 아는 한 위대한 소설에 속한다고 할 수 있다. 그 이유는…. 소설에 대한 이야기를 더 하고 싶지만 아무래도 다음 기회를 엿봐야겠다.

　이야기 방향을 다시 돌려, 데이비드 포스터 월리스의 연설문을 잠시 들여다볼까 한다. 그는 졸업식 축사에서 우리 인간에게 정해진 '기본 설정 값'이 있다고 언급한다. 다시 말해 인간은 내면에 깊이 자리한 자기중심적인 본성과 시선으로 세상을 바라보고 해석하는 경향이 있다는 것이다. 이 기본 설정을 가진 '보통' 인간은 마치 거대한 공장처럼 단조롭게 돌아가는 일상 속에서 하루하루를 힘겹게 버티며 살아간다. 그러다 가령 퇴근길 교통 체증을 뚫고 뭐라도 사려고 마트에 들어서면 마트 안은 지칠 대로 지쳐 신경이 곤두선 인파로 그득하다. 계산대 직원과 그 뒤로 늘어선 사람들은 모두 너무나 지쳐서 넋이 반쯤 나간 상태이다. 월리스는 기본 설정이 정해진 보통의 인간은 이런 상황에서 오직 나 자신에게만 집중한다고 말한다.

　온 세상이 나를 위해 존재하는 것처럼 느끼며 나 외에 다른 모든 사람들을 '내 길'을 방해하는 요소로만 여겨 '대체 이 자들은 누구기에 나를 가로막을까?'라고 생각하게 되는 것이다.

　이러한 감정은 우주의 중심에 자기 자신만이 놓여 있으며 다른 모든 것들은 자신을 방해하는 존재로만 느껴지게 한다. 이럴 때 우리는 타인을 향해 짜증과 분노를 내게 된다. 자기

중심적인 기본 설정하에서 내 앞을 방해하는 모든 이들을 증오하는 일은 어쩌면 우리가 할 수 있는 가장 쉬운 선택일지도 모른다. 무의미하고 권태로운 일상에서 이는 지극히 당연한 것일 수 있다. 하지만 타인을 '자연스럽게' 증오하는 쪽을 택함으로써 우리의 일상은 더욱 끔찍한 지경에 이를 수 있다. 그러면서 월리스는 바로 이 순간에 '선택의 여지'가 있다는 점을 강조한다. 즉 생각과 태도가 자동적으로 그리고 무의식적으로 흘러가는 기본 설정 값에서 벗어나 세상을 '다른 시선으로 바라보도록' 노력해야 한다는 것이다. 여기서 '다르게 본다'는 말은 예컨대 "계산대 앞에 길게 늘어선 모든 사람들 역시 나처럼 피곤에 지쳐 신경이 곤두서 있으며 불평불만이 가득하다는 사실을 인지하는 것이다. 또한 그들 중 다수는 나보다 한층 더 힘들고 권태로우며 더욱 고통스런 삶을 지탱하고 있으리라 여기는 태도를 의미한다."

(다음에 열거한 예는 월리스의 책이 아니라 내가 직접 떠올린 사례들이다.) 마트의 치즈 코너에서 부끄러움도 모른 채 사람들을 밀치며 앞자리를 차지한, 어딘가 지저분하게 보이는 저 여성은 어쩌면 치매에 걸린 어머니를 돌보고 있을 수도 있다. 그녀는 그런 이유로 대기 줄에 서서 기다릴 시간조차 없었을 것이다. 그리고 장바구니를 향해 다가가는 당신을 보고도 (또는 보았기 때문에) 얼른 달려가 마지막 하나 남은 장바구니를 낚아챈,

머리에 젤을 바른 저 남자는 오늘 상사에게 크게 야단을 맞았을지도 모른다. 회사에서 좌절을 느낀 그는 어디에서도 삶의 만족감을 얻지 못해 마지막 남은 장바구니를 가로챔으로써 그나마 소소한 기쁨을 누렸을 수도 있다. 코를 찌르는 악취를 풍기며 빈병 회수기 앞에 진을 치고는 세상 태연하게 수백여 개의 맥주병을 기계 안에 집어넣고 있는 저 부랑자는…. 일일이 부연하지 않아도 그의 삶이 얼마나 고단한지 대충은 짐작할 수 있다.

이런 상황에서 기본 설정 값은 이렇게 말한다. "이 바보 같은 놈들아 내 앞에서 당장 꺼져!" 또는 이렇게 말할 수도 있다. "뭐 저런 역겨운 존재들이 다 있을까! 하나같이 절망적이고, 암담하고, 기분 나쁜 인간들이야!" 하지만 월리스는 바로 여기에서 기본 설정에 따라 자기중심적 판단을 내리는 대신 '문제를 다르게 보려는 결심'이 필요하다고 주장한다. 그리고 여기에 더해 우리 모두에게 자유가 있다는 사실을 깨달아야 한다고 말한다. 인간은 각 개인의 자유를 추구하는 방향으로 발전해왔다. 말하자면 인간은 마치 절대 권력자처럼 자유를 '자유자재'로 활용할 수 있다. 자유를 통해 성취를 이루고 자기 자신을 빛나게 만들 수도 있다. 그런데 우리에게 주어진 자유는 여기서 끝이 아니다. 인간에겐 다양한 형태의 자유가 있는데, 보통은 개인의 욕구와 성취를 우선시하는 자유만 언급될 뿐 이보다 훨씬 더 중요한 자유는 강조되지 않는다. 즉 우리에게는 자기중심이 아닌, "다른 사람에게 마음을 열고 그들에게 관심과 주의를 기울이며 타인의 상황과 생각에 감정을 이입할 자유"가 있다. "매일같이, 반복적으로, 끊임없이 그리고 '전혀 섹시하지 않은' 갖가지 소소한 방법들을 동원하여 타인들을 내 삶의 중심에 놓고 그들을 위해 나 자신을 희생할 자유"도 있다는 것이다. 이것이 진짜 자유이며 진정한 배움이다. 배움의 진짜 의미는 지식에 있지 않다. 배움과 교육에서 실로 중요한 것은 "진실과 본질에 깨어 있으려는 자세"라고 월리스는 힘주어 말한다.

∽

내가 친구에게 말을 건넸다.

"이 연설에서 특히 마음에 드는 부분은, 좋은 인간이 되려면 무엇을 하지 말라고 지적하거나 아니면 어떤 신을 따르라는 식으로 가르치지 않고 전혀 다른 방식으로 도덕을 다룬다는 데 있어. 그의 연설은 우리가 스스로 선택할 여지를 주지. 우리에게 부여된 사고의 자유를 활용해 태어날 때부터 쭉 갇혀 있던 '감옥'에서 제 발로 걸어 나올지 말지는 우리의 결심에 달려 있어. 감옥에서 나와 자유로워지고 세상을 다르게 바라봄으로써 이 세상을 바꿀 수 있는 것도 온전히 우리의 몫이야. 월리스가 말하는 이 사고의 자유는 도덕과는 자못 다른 개념인 것 같아. 도덕처럼 반드시 지키고 충족시켜야 할 의무가 있는 건 아니지만, 각자의 자율에 따라 스스로 '원한다면 할 수 있는' 마음가짐이니까."

"그러한 태도는 결국 품위라는 개념으로 이어지는 게 아닐까?"

"한편으론 그렇게 볼 수도 있지. 윌리스가 강조한 태도는 품위뿐 아니라 타인과의 공생 문제를 전반적으로 다루고 있으니까. 즉 다른 사람들과 더불어 사는 삶이란 타자와 맞서거나 다투어서는 절대 이루어질 수 없다는 생각에 기초하고 있어. 그러면서 그는 공존과 공생의 핵심에는 다툼이 아닌, 타인을 위한 '어떤 행위'가 반드시 동반되어야 한다고 이야기하지. 그 어떤 행위가 바로 결심인 거야. 무슨 말인지 알지? 하마터면 나는 이 지점을 놓칠 뻔했어. 이건 품위에도 해당하거든. 품위 있는 인간이 되고 싶으면 먼저 결심을 하나 해야 해. 그리고 그 결심은 윌리스가 말한 것처럼 자신의 이성적 판단을 활용해 자동으로 흘러가는 생각을 붙잡아 돌리려는 자세인 거지. 자기도 모르게 무의식적으로 떠오르는 생각이나 행동을 바로잡기 위해 끊임없이 분별력을 동원하겠다는 마음가짐 말이야. 처음에는 이 과정이 다소 복잡하고 번거로워 보일 수 있어. 하지만 길게 보면 이는 꽤나 단순한 과정이야."

"나도 이 연설에서 유독 마음에 드는 구석이 있어. 이상 적인 삶을 언급하면서 월리스는 다른 사람들과의 관계뿐 아니라 나 자신과의 관계에도 주목하잖아. 세상을 바라 보는 시선을 바꾸는 데에서부터 출발한다는 점이 참 인 상적이야. 대화 초반에 너도 그런 말을 하지 않았던가? 오늘날 우리는 자기 자신과의 관계에 결핍이 있다고 말 이야."

"응, 그랬지. 지금 우리에게 절실한 건 더 나은 세상을 위 한 비전보다 스스로를 되돌아보는 여유와 태도라고 생각 해. 나를 돌아보고 변화를 꾀하면서 다른 사람들 그리고 이 세상이 달라지기를 바라야겠지. 날마다 아주 조금씩 이라도."

∞

수백여 년 전, 인간관계에 필요한 예법을 집필했던 크니게 는 인간의 책무와 함께 인간의 다양성을 건드리기도 했다. 다시 한번 강조하자면 크니게는 "모든 인간에게 책임이 있다"고 말하 며 "이 세상에 다양한 유형의 인간이 존재한다는 사실을 숙지하 고 이를 바탕으로 타인을 대해야 한다"고 피력했다.

한편 콰메 앤터니 애피아의 책에서 나는 이런 내용을 소개했다.

당신이 아는 모든 인간과 당신이 그들에게 가하는 모든 행위
는 언젠가 어떤 방식으로든 서로에게 영향을 미칠 것이다. 그
러므로 각각의 인간은 다른 모든 이들에 대해 책임이 있다. 어
떤 개인적인 신념이 있다 하더라도 이 책무를 잊는 것은 결코
정당화될 수 없다. 타인에 대한 책임은 도덕의 근간이라 할 수
있다.

이에 더해 애피아는 다음과 같이 말한다.

인간은 서로 다르다. 그리고 우리는 이 차이를 통해 많은 것을
배울 수 있다.

"서로 다르다"는 점을 숙지해야만 하고, 타인에 대한 "책
무를 잊는 것은 결코 정당화될 수 없다." 나는 이 표현이 꽤나
마음에 든다. 그 이유는, 우선 이 문장이 강요나 명령이 아니
기 때문일 것이다. 더불어 이 안에는 세상을 살아가는 한 인간
으로서 기대되고 요구받는 일종의 의무가 담겨 있는데, 이를
몸소 이행한다고 해서 손해볼 일은 없어 보인다. 서로의 다름
을 충분히 이해하고 한 인간으로서 타인에 대한 책무를 익히려

242

면 어디에서부터 시작해야 할까? 먼저 지금 우리가 머물고 있는 이 대륙부터 제대로 살펴보는 것은 어떨까? 유럽이라는 광활한 대륙에서 얼마나 다양하고 무수한 사람들이 살아왔는지, 그들이 일궈낸 문명과 문화 그리고 지식과 자의식의 수준이 어느 정도인지, 또한 개인의 자유가 어느 수준까지 도달했는지를 파악해보는 것이다. 여기에 덧붙여 유럽 땅의 안전과 안보가 어느 선까지 확보되었는지도 인지할 필요가 있다. 중세 시대만 하더라도 유럽인들은 전쟁과 전염병 그리고 천재지변 등의 위협에 지속적으로 노출되어 있었다. 굳이 중세까지 거슬러 올라가지 않더라도 한때 유럽은 지구상에서 가장 큰 전쟁터였다. 하지만 오늘날 유럽은 평화의 대륙으로 간주된다. 현재 다른 어떤 전쟁터에서 살아남고자 하는 누군가 혹은 도망쳐 나온 누군가에게 유럽은 평화의 땅이며 유일한 희망이다. 그리고 이 희망은 이루어질 가능성이 매우 높다. 이는 유럽인들에게 부담스러운 과업으로 여겨질 수 있다. 각자에게 주어진 과업이 너무 크고 막중하여 유럽 사람들은 이를 받아들이고 수행하는 데 주저하기 마련이다. 과업이 위협으로 다가오는 데다 그 위협감이 점점 더 크게 느껴지기 때문이다. 그렇다면 정확히 무엇이 유럽인들을 두렵게 만드는 것일까?

어쩌면 이 두려움의 근원은 무능함일지도 모른다. 자신에게 문제를 풀어낼 능력이 없을까 봐 두려워하는 것 말이다. 만약 무능으로 인한 두려움이 아니라면 본인의 실제 능력을 깨달은 인간의 분노나 좌절 같은 것은 아닐까. 그럼 인간의 실제 능력은 무엇일까? 지난 수천 년 동안 인간에게 제일 중요한 능력은 선조들에게서 물려받은 생존력이었다. 그러나 오늘날 이 능력은 더 이상 중요하지 않다. 지금 우리에게 필요한 능력은 본능이나 즉흥적 감정, 안락함과 게으름 그리고 영혼의 어리석음으로부터 벗어날 수 있는 힘이다. 다시 말해 '기본 설정 값'을 스스로 넘어설 수 있는 역량이 갖추어져야 한다. 이러한 능력은 이미 우리 안에 있다. 아직 발견하지 못한 것뿐이다. 이를 발견하려면 자신 안의 분별력과 판단력을 끌어내기 위해 부단히 노력해야 한다. 인간의 위대함과 숭고함은 바로 이 이성적 판단에 있다.

"각각의 인간은 다른 모든 이들에 대해 책임이 있다." 이 표현도 나는 참 마음에 든다. 이 문구에서 모든 인간이란 우리가 잘 이해하는, 우리와 닮은, 우리가 좋아하는, 우리가 공감하는, 우리와 같은 목표를 공유하는, 우리와 비슷한 삶을 사는, 우리와 겉모습이 같은 사람들만을 지칭하지 않는다. 우리는 이들뿐 아니라 비열하고, 불안하고, 무례하고, 몰염치하고, 어리석고, 시끄럽고, 조용하고, 고집스럽고, 생경하고, 낯선 사람들에게도 일말의 책임이 있다. 우리는 이들에게 어떤 책임이 있을까? 다른 것은 몰라도, 적어도 우리는 이들을 존중할 책임이 있다. 또한 이들을 이해하려 노력하면서 인정과 배려 그리고 호의와 친절을 베풀어야 한다. 여기에는 '모든 유형의 인간'과 연대하려는 의식이 뒷받침되어야 한다. 이 연대감은 우리가 인간다운 품위라 칭하는 가치의 근본적인 토대이기도 하다. 각 개인의 문제는 곧 우리 모두의 문제이다.

❧

"맥주 한 잔 더 할까?"

"그러면 벌써 네 잔째야."

"인간이라면 스스로를 통제할 줄 알아야겠지?"

"이걸 마지막으로 끝내면 되겠네!"

"이번엔 어떤 맥주가 좋을까?"

감사의 말

나의 아내 우르줄라 마우더가 없었더라면 이 책은 세상에 나오지 못했을 것이다. 그녀의 격려와 자극, 조언과 비평 그리고 탁월한 표현력과 뜨거운 열정은 내 집필 작업의 든든한 토대이다. 이 책에 담긴 다양한 논쟁들은 우리 부부가 수년 전부터 지속적으로 대화를 나누며 다룬 이야깃거리에 기초하고 있다. 그러므로 이 책은 우리 둘 사이의 대화 속에서 피어났다고 할 수 있다. 아내와 함께한 그 모든 대화가 없었더라면 지금 이 책은 상상조차 못했을 것이다.

더불어 이 책을 쓰면서 많은 사람들에게 신세를 졌다. 다비드 하케, 지오반니 디 로렌조, 아르노 마코프스키, 율리안 니다 뤼멜린, 슈테판 포슈피철 그리고 안드레아스 셰플러는 책의 구상과 방향에 상당한 도움을 주었으며 나의 철학적 사유에 긍정적인 자극을 주었다. 이들에게도 깊은 감사의 마음을 표하고 싶다.

또한 안체 쿤스트만에게도 진심 어린 고마움을 전한다. 수십여 년 전부터 내 책의 출판을 담당해 온 그녀는 나에게 '품위'라는 주제를 던져놓고는 내가 자리에 앉아 본격적인 집필에 들어갈 때까지 결코 물러서지 않았다.

각자도생을 넘어 포용과 연대로

홍성수 숙명여자대학교 법학부 교수

《무례한 시대를 품위 있게 건너는 법》은 '무례함'과 '품위'에 대한 책이다. 무례하게 굴면 안 된다는 것쯤은 누구나 아는 사실이며, 대부분의 사람들은 품위 있는 삶을 살고자 한다. 일반적으로 무례라고 하면 예의나 에티켓 등을 떠올린다. 여기서 예의란 다른 사람과 교류할 때 지켜야 할 태도나 행동을 뜻한다. 그렇다면 우리가 예의를 지키려는 이유는 무엇일까? 당위적으로는 다른 사람이 기분 나쁘지 않게 배려해야 하는 것이 당연한 도리이기 때문일 것이고, 현실적으로는 예의를 지키지 않으면 그 사회에서 배척당하기 때문일 것이다.

　이 책의 저자인 악셀 하케가 말하는 무례함과 품위는 이러

248

한 통상적인 의미와 다르다. 품위란 '공존의 삶'을 가능하게 만드는 조건이다. 모든 사람이 자유롭고 평등하게 살아야 한다는 당위를 위해 무엇이 필요할까? 우리는 이를 위해 다른 사람을 어떻게 대해야 하는 것일까? 악셀 하케는 이 질문에 답하기 위해 때로는 사상사적인 근거를 제시하고, 때로는 일상에서 접할 수 있는 다양한 예화를 들며 품위 있는 삶의 조건들을 하나하나 찾아간다.

무례함과 품위의 문제는 오늘날 새로운 의제로 떠오른 '차별'이나 '혐오'와 긴밀하게 연관되어 있다. 전 세계적으로 복지국가가 쇠퇴하고 개인의 사회적 지위가 점점 취약해지고 있다. 안타깝게도 이러한 현실은 새로운 국가, 새로운 사회를 요구하는 투쟁으로 이어지지 않는다. 대신 각자도생을 택하는 경향이 뚜렷하다. 자신보다 약한 사람들을 희생양으로 삼거나 책임을 전가하여 이 난국을 돌파하려는 것이다. 이때 타깃이 되는 집단이 바로 이미 차별을 받고 있는 소외된 사람들이다. 부정적인 편견을 조장하고 심지어 차별을 정당화하는 언행을 서슴지 않는다. 그렇게 해서라도 '나는 살아남아야 한다'는 것이다. 저자가 제시하는 무례한 언행의 예시들은 대부분 이 현실에 터를 잡고 있다. 이때 무례함은 단순히 개인적인 문제를 넘어서서 공존을 깨고 사회를 파괴하는 사회적인 해악이 된다.

이제 우리는 무례함과 품위의 개념을 새롭게 정의할 필요가 있다. 작금의 현실에서 우리가 함께 살아가기 위한 조건이 무엇인지 돌아봐야 할 때다. 우리가 결코 하지 않아야 할 것은 저자가 새롭게 그 개념을 풍부하게 만든 무례함이다. 품위는 무례함을 범하지 않는 것에서 나온다.

사실 무엇이 대안인지는 여전히 불투명하다. 그렇지만 무엇을 하지 않아야 하는지는 분명하게 말할 수 있다. 그리고 거기서 새로운 대안도 찾아낼 수 있을 것이다. 《무례한 시대를 품위 있게 건너는 법》이 제시하는 생각할 거리들과 혜안이 좋은 길잡이가 될 것이다.

덧붙이는 글

무엇이 품위 있는 삶을 만드는가

김예원 변호사, 장애인권법센터 대표

아침부터 폭풍 일정을 소화하고 기진맥진하던 어느 오후. 사람들로 가득한 플랫폼에서 지하철을 기다리고 있었다. 문이 열리고 내 앞에 서 있던 한 중년 남성이 들어가는데, 안에서 사람들을 마구 밀치며 나오던 한 할아버지가 그 남성의 가슴팍을 치며 소리쳤다.

"먼저 내리면 타라고!"

이건 명백히 폭행이다. 주변을 살피니 CCTV가 보인다. 빨리 증거를 확보하면 형사 고소도 가능할 것이다. 하지만 지하철 안은 고요했고 내 앞에 섰던 그 남성은 굳은 얼굴로 어깨를 축 늘어뜨린 채 서 있었다. 사법제도가 작동하지 못하는 영역

251

에서 사람들은 어떻게 몸을 웅크리고 살아가고 있는가. 그리고 점점 더 웅크리게 되는 이유는 무엇인가.

《무례한 시대를 품위 있게 건너는 법》은 그 답을 '품위의 상실'에서 찾고 있다. 귀족 시대도 아니고 뜬금없이 품위 타령일까 싶을 수 있다. 내게도 품위라는 단어는 초등학교 시절 집에 굴러다니던 작은 핸드북 제목에서 보던 것이었으니까. 찻잔을 어떻게 드는 것이 품위 있는 것인지, 손수건을 챙겨 다니는 것이 얼마나 사람을 품위 있게 만드는지 등의 잔소리가 예쁜 삽화와 함께 담겨 있던 그 책을 꽤 인상적으로 읽었던 기억이 난다.

이 책이 주목하는 품위는 이런 단순한 것이 아니다. 빠르게 돌아가 나 하나만 신경 쓰기에도 정신없는 이 세상에서, 특히 저자가 말하는 결속과 분열 사이의 "중간 세계"에서 품위는 진가를 발휘한다. 이 책은 숨 막히는 일상에서 품위 있는 태도가 어떻게 숨통을 트이게 하는지 말한다. 나아가 품위와 우리 삶의 관계에 대한 고찰을 통해 전쟁과 평화, 가짜 뉴스와 표현의 자유, 4차 산업 혁명 등 이 시대를 살아가는 사람으로서 반드시 생각해야 하는 가치들을 이야기하고 있다.

왜 이런 골치 아픈 것들을 생각해야 하는지 되물을 수 있다. 일례로 학교폭력을 보자. 예전에는 때리는 이, 맞는 이, 지켜보는 이 정도만 존재했다. 그런데 지금은 사진이나 영상을 찍는 이, 그것을 유포하는 이가 추가되었다. 예전에는 폭력을 맨눈으로 지켜본 이들은 끔찍함과 공포를 느낄 수 있었지만, 지금은 그 끔찍함과 공포가 놀이처럼 희화화되어 소비된다. 사회적 약자의 연대가 더욱 절실한 시대가 된 것이다.

《무례한 시대를 품위 있게 건너는 법》은 '이렇게 살아야 품위 있게 사는 것'이라고 가르치려 들지 않는다. 다만 돌아서서 생각하게 만든다. 품위 있는 삶을 살도록 하는 것은 무엇인지.

참고문헌

Appiah, Kwame Anthony, *Der Kosmopolit. Philosophie des Weltbürgertums*, C. H.
　　Beck, 2007. (콰메 앤터니 애피아, 《세계시민주의》)

Aristotle, *Nikomachische Ethik*, Reclam, 2010. (아리스토텔레스, 《니코마코스 윤
　　리학》)

Bauman, Zygmunt, *Die Angst vor den anderen*, Suhrkamp, 2016.

Bude, Heinz, *Gesellschaft der Angst*, Hamburger Edition, 2014.

Camus, Albert, *Der erste Mensch*, Rowohlt, 1995. (알베르 카뮈, 《최초의 인간》)

――, *Pest*, Rowohlt, 1998. (알베르 카뮈, 《페스트》)

Ehrenreich, Barbara, *Angst vor dem Absturz. Das Dilemma der Mittelklasse*, Kunst-
　　mann, 1992.

Erlinger, Rainer, *Höflichkeit. Vom Wert einer wertlosen Tugend*, S. Fischer, 2016.

Fallada, Hans, *Jeder stirbt für sich allein*, Aufbau Taschenbuch, 2010. (한스 팔라
　　다, 《누구나 홀로 죽는다》)

――, *Kleiner Mann-was nun?*, Rowohlt, 1950.

Franck, Georg, *Ökonomie der Aufmerksamkeit*, Carl Hanser, 1998.

Junger, Sebastian, *Tribe. Das verlorene Wissen um Gemeinschaft und Menschlich-
　　keit*, Blessing, 2017. (세바스찬 융거, 《트라이브, 각자도생을 거부하라》)

Goodhart, David, *The Road to Somewhere. The Populist Revolt and the Future of
　　Politics*, C. Hurst & Co. Publishers, 2017.

Göttert, Karl-Heinz, *Zeiten und Sitten. Eine Geschichte des Anstands*, Reclam, 2009.

Harari, Yuval, *Homo Deus*, C. H. Beck, 2017. (유발 하라리, 《호모 데우스》)

———, *Sapiens. Eine kurze Geschichte der Menschheit*, Pantheon, 2015. (유발 하라리, 《사피엔스》)

Kästner, Erich, *Fabian. Die Geschichte eines Moralisten*, Atrium, 2017. (에리히 케스트너, 《파비안》)

———, *Lärm im Spiegel*, C. Weller Co. Verlag, 1929.

Kobek, Jarett, *Ich hasse dieses Internet*, S. Fischer, 2016.

Knigge, Adolph Freiherr von, *Über den Umgang mit Menschen*, Insel, 1977. (A. F. V. 크니게, 《인간 교제술》)

Lantermann, Ernst-Dieter, *Die radikalisierte Gesellschaft. Von der Logik des Fanatismus*, Blessing, 2016. (에른스트 디터 란터만, 《불안 사회》)

Loriot, *Loriot's Dramatische Werke*, Diogenes, 1981.

Marcus Aurelius, *Selbstbetrachtungen*, Insel, 1992. (마르쿠스 아우렐리우스, 《명상록》)

Metelmann, Jörg/Beyes, Timon, *Anstand*, Berlin University Press, 2011.

Nida-Rümelin, Julian, *Über Grenzen denken: Eine Ethik der Migration*, Körber-Stiftung, 2017.

Orwell, George, *1984*, Ullstein, 1994. (조지 오웰, 《1984》)

Radisch, Iris, *Camus*, Rowohlt, 2014.

Wallace, David Foster, *Das hier ist Wasser/This is Water*, Kiepenheuer & Witsch, 2012. (데이비드 포스터 월리스, 《이것은 물이다》)

Wolff, Rudolf, *Erich Kästner. Werk und Wirkung*, Bouvier, 1983.

무례한 시대를 품위 있게 건너는 법

2020년 5월 13일 초판 1쇄 | 2023년 1월 12일 9쇄 발행

지은이 악셀 하케 **옮긴이** 장윤경
펴낸이 박시형, 최세현

책임편집 김선도 **디자인** 정아연
마케팅 양근모, 권금숙, 양봉호, 이주형 **온라인마케팅** 신하은, 정문희, 현나래
디지털콘텐츠 김명래, 최은정, 김혜정 **해외기획** 우정민, 배혜림
경영지원 홍성택, 김현우, 강신우 **제작** 이진영
펴낸곳 (주)쌤앤파커스 **출판신고** 2006년 9월 25일 제406-2006-000210호
주소 서울시 마포구 월드컵북로 396 누리꿈스퀘어 비즈니스타워 18층
전화 02-6712-9800 **팩스** 02-6712-9810 **이메일** info@smpk.kr

쌤앤파커스(Sam&Parkers)는 독자 여러분의 책에 관한 아이디어와 원고 투고를 설레는 마음으로 기다리고
있습니다. 책으로 엮기를 원하는 아이디어가 있으신 분은 이메일 book@smpk.kr로 간단한 개요와 취지,
연락처 등을 보내주세요. 머뭇거리지 말고 문을 두드리세요. 길이 열립니다.